日本語教育学の新潮流 24

言語少数派の子どもの
概念発達を促す教科学習支援
母語と日本語が融合したことばのやり取り

滑川恵理子

Encouraging concept development in an academic learning support
class for language minority students:
Mixed-language interaction of L1 and L2

First published 2019
Printed in Japan

All rights reserved
© Eriko Namekawa, 2019

Coco Publishing Co., Ltd.

ISBN 978-4-86676-013-1

目次

第1章 | 序論：言語少数派の
子どもの概念発達をめぐる問題………1

1.1 言語少数派の子どもが直面する「隔たり」………1

1.2 「身をもって理解すること」とは何か………2

1.3 本書の構成………4

第2章 | 先行研究：ヴィゴツキー理論と
言語少数派の子どもに対する
実践研究の検討………7

2.1 ヴィゴツキー理論………7

2.1.1 生活文脈と学校文脈の二区分による枠組みと
ヴィゴツキー理論を選択する理由………7

2.1.2 生活的概念を基盤とする科学的概念との統合
………11

2.1.3 発達の最近接領域………13

2.1.4 ヴィゴツキー理論における概念の発達………14

2.2 ヴィゴツキー理論を背景とする
国内外の先行研究………15

2.2.1 ヴィゴツキー理論を背景とする
日本国内の先行研究………15

2.2.2 ヴィゴツキー理論を背景とする
海外の先行研究………17

2.3 言語少数派の子ども（海外）の生活体験に
着目した先行研究……19

2.4 言語少数派の子ども（日本国内）の
生活体験に着目した先行研究と先行事例……20

    2.4.1 日本国内での生活体験に着目した先行事例……20

    2.4.2 母国や家庭での生活体験に着目した
先行研究と先行事例……21

    2.4.3 母国や家庭での生活体験を活かすための
言語少数派の人々との協力関係……23

2.5 教科・母語・日本語相互育成学習モデル……25

    2.5.1 「教科・母語・日本語相互育成学習モデル」
とは……25

    2.5.2 相互育成学習の背景理論：言語生態学……26

    2.5.3 相互育成学習の先行研究が
明らかにしてきたこと……30

    2.5.4 相互育成学習における子どもに固有の
歴史的・文化的背景の位置付け……32

    2.5.5 相互育成学習の残された課題……33

第3章 | 研究目的、研究課題、研究方法……39

3.1 用語の定義と分析の視点……39

3.2 研究目的と研究課題……40

3.3 調査方法と分析方法……42

第4章｜研究フィールドと実践の概要………45

4.1　研究フィールドの支援体制………45

4.2　対象者………49

4.3　フィールドにおける支援者の立ち位置………52

4.4　相互育成学習に基づく学習支援の概要………53

4.5　会話データ文字化の凡例………58

第5章｜研究1：生活体験（家庭での体験／
日本の学校での体験）を基盤とする
概念発達の分析──子どもSの場合………61

5.1　研究課題………61

5.2　分析対象とするデータ………63

5.3　分析結果………65

5.3.1　分析結果の概要………65

5.3.2　家庭での体験：
職人としての父親の姿（母語先行学習）………65

5.3.2.1　父親と鍛冶職人の接点：「师傅（親方）」とは
どんな人か（会話例1-1）………65

5.3.2.2　父親と「志气（意地）」の接点：
「職人の意地」とはどのようなものか
（会話例1-2、1-3）………69

5.3.3　日本での体験：学校の夏休みの水泳体験
（日本語先行学習）………72

5.4　研究1：まとめと考察および課題………81

第6章 | 研究2：母国での体験を
基盤とする概念発達の分析
——子どもYの場合………87

6.1 分析のための視点………87

6.2 研究課題………88

6.3 分析対象とするデータ………90

6.4 分析結果………93
  6.4.1 分析結果の概要………93
  6.4.2 言語化の過程と発達の最近接領域における
      やり取り………94
    6.4.2.1 背景説明の言語化「わたしもニワトリと戦った」
        （会話例2-1）………94
    6.4.2.2 ニワトリの特徴の言語化①②③
        （会話例2-2、2-3、2-4）………96
    6.4.2.3 名前の由来と戦うきっかけの言語化
        （会話例2-5、2-6、2-7）………104
    6.4.2.4 登場人物に対する共感の言語化および
        母親と共有したい気持ち（会話例2-8）………110
  6.4.3 作文「ニワトリの頭領との戦い」全文………112

6.5 研究2：まとめと考察および課題………113
  6.5.1 分析結果のまとめ………113
  6.5.2 考察および課題………116

第7章 | 研究3：家庭での体験を基盤とする
概念発達の分析 ―― S親子、Y親子の場合………121

7.1 研究課題………121

7.2 分析対象とするデータ………123

7.3 分析結果………124

7.3.1 分析結果の概要………124

7.3.2 家族の愛情に関わる生活体験：
S親子の事例①「心を込めて世話する」………124

7.3.3 家族の愛情に関わる生活体験：
S親子の事例②「戦時下の親子の愛情」………128

7.3.4 家族の愛情に関わる生活体験：
Y親子の事例①「わたしが話し始めた頃」………133

7.3.5 家族の愛情に関わる生活体験：
Y親子の事例②「わたしの名前」………138

7.4 研究3：まとめと考察および課題………142

第8章 | 総合的考察：言語少数派の子どもの
概念発達を促す教科学習支援の提案………147

8.1 研究1、2、3のまとめ………147

8.2 残された課題が
どのように明らかになったか………151

8.3 結論：本研究から得られた知見と示唆………155

8.3.1 概念発達を促す教科学習支援と
それを可能とする学習環境………155

8.3.2 母語と日本語が融合した
新しい教科学習支援モデルの提案………157

8.4 本研究の限界………160

8.5 今後の課題および総合的な内省………163

おわりに………166

参考文献………170

索引………178

第1章 序論：言語少数派の 子どもの概念発達をめぐる問題

1.1 言語少数派の子どもが直面する「隔たり」

グローバル化に伴い国境を越えて移動する人々が増え続けている。日本にも多くの人々が入国してくるが、子どもを帯同するケースも増えている。本研究では日本に定住し日本の学校に通う子どもを言語少数派の子ども[1]と称する。彼らの学習をめぐっては、日常会話のみではなく授業に参加できることの重要性が多くの研究者や実践者によって議論されている（齋藤・佐藤2009, 岡崎2010, 清田2016など）。そうした議論を受けて、文部科学省の政策文書[2]にもこの問題が記されるようになった。彼らの支援に携わってきた筆者も、彼らが日本の学校の授業に参加できることを重視してきた。授業では日常会話とは異なる概念の使われ方や思考の進め方が求められるため、分からないままあきらめてしまったり、理解したように見えても実際は表面的な理解にとどまっていたり、あるいは丸暗記でやり過ごしたりということが起こり得る。

筆者は、日本語と母語の二つの言語を介して教科学習を行う学習支援の中で、この問題に向き合ってきた。筆者の実践の特徴は、母語による教科学習のときに子どもの母親に母語話者支援者として協力してもらうという点にある。「分からないまま」や「表面的な理解」とならないために、筆者はよく母親と協力して、子どもの知っていることや体験したことに喩え、現実感をもって子どもが抽象概念などを理解するという方法をとった。そして、そうした方法に筆者は手応えを感じていた。子どもの既有知識や体験を活かす実践は、筆者の現場に限らず、広く現場で行われていることである（朱2007, 南浦2013など）。なぜ手応えがあったのだろうか。

1

「分からないまま」や「表面的な理解」あるいは「丸暗記」といった理解の状態は、日本語を母語とする子どもたちにも起こり得る（田島 2010, 2011）。子どもは日常生活を通して多くのことを知っている。しかし、学校の授業においてやり取りされる概念は、子どもが実際に生活している文脈とは切り離された特殊な学校文脈において成立するため、日常生活上知っていることと教科学習で学ぶ内容との接点を探すことは容易ではない。そのため、子どもは自分が生活の中で知っていることと学校で学習する抽象的な事象とを照らし合わせようと粘り強く取り組むよりも、安易にやり過ごす方を選択するのであろう。

そうした安易な理解によって得られた知識や概念は、その学習が終わったら、すぐに忘れ去られてしまうだろう。子どもの頭の中に残ったとしても、暗記や表面的な理解では知識や概念がそれぞれ単独で頭に残っているようなものであり、他の知識や概念と結び付け、思考を深めることには役立たないと思われる。こうしたことが習慣化してしまうと、子どもは「考える」ことを放棄し、正解のみを効率よく与えてほしいと望むようになるかもしれない。複雑かつ抽象的な思考を発達させるための教科学習が、教師から生徒へ単に正解が受け渡されることになってしまっては、本末転倒であろう。

生活文脈と学校文脈との「隔たり」は、言語少数派の子どもの学習でも生じ得る。彼らにとっての「学校文脈」も、当然ながら、日本の学校における「学校文脈」である。彼らは一般的な日本人の子どもとは異なる言語的・文化的背景をもって、日本の学校の「学校文脈」に対応しなければならない。つまり、生活文脈と学校文脈の隔たりの中に、彼らの場合は、「言語的・文化的隔たり」も内包されていると考えられるのである。それゆえ、日本人の子ども以上に、「分からないからどうしようもない、あきらめよう」「実はよく分からないけど、ともかく覚えよう」というような状況に陥る危険があるのではないだろうか。

1.2 │ 「身をもって理解すること」とは何か

言語少数派の子どもの言語能力に関し、日常会話面の第二言語能力は比較的短期間で獲得されるが、教科学習に必要な第二言語能力を獲得す

ることは容易ではないと指摘されている（Cummins 1980 ［2001］, 岡崎 1997, バトラー後藤 2011 など）。いわゆる生活言語から学習言語への発達は、一方向的に見えるが、生活言語に学習言語が足し算されるといった単純なものではなく、二つの文脈（生活文脈と学校文脈）が相互に関連をもちながら発達していくと思われる。そうした概念理解のあり方、すなわち生活文脈と学校文脈とがつながった概念理解のあり方を、中村は「子どもが自分自身のこれまでの知識や感情体験をすべて総動員し、重ね合わせて理解すること、説明できるか否かという次元を超えた、まさに身をもって理解すること」（中村 2010: 157）と定義している。

　ここで留意すべきは、言語少数派の子どもは来日前母国で生活し[3]、来日後も、多くの場合母語を話す家族と生活している一方で、学校では日本語を介して学んでいるということである。彼らの生活を通じた具体的な知識や体験は、母語を介して母国や家庭で蓄積されたものと、日本語を介して日本の学校などで蓄積されたものがあると考えられる。つまり日本に来てからも、家庭などでは少数派の言語や文化習慣に由来する生活文脈が続いていると想定されるのである。このように言語少数派の子どもを対象に、生活文脈と学校文脈がつながった概念理解の必要性を考えるとき、冒頭で述べた、筆者が実践の中で子どもの知っていることや体験に結び付ける方法に手応えを感じた理由の一端が分かる。母親も筆者も子どもの日常をよく知っている大人であり、そうした身近な大人が、母国や家庭に由来する生活文脈と日本の学校での学校文脈（教科学習）を取り結ぶ役割を果たすことができたのではないかということである。

　しかし、子どもが生活から得た知識や体験と、教科学習における抽象概念の理解や抽象的思考との関係性は、これまで研究対象として注目されてこなかった。前者と後者との関係性ではなく、もっぱら後者をどのように発達させるかに重点が置かれてきたと思われる。その理由は、これまでの日本国内の言語少数派の子どもを対象とする研究に、次の二点で限界があったからだと思われる。第一に、教科学習の中で子どもがどのようなプロセスで概念を発達させていくのかを捉える視点が欠けていたこと、第二に、子どもの概念の発達を他者との関わりや文化的・社会的文脈から捉える視点が欠けていたことの二点である。

　筆者はヴィゴツキー理論を参照することによって、この二つの限界を

第1章 │ 序論：言語少数派の子どもの概念発達をめぐる問題

克服し、「分からないまま」や「表面的な理解」あるいは「丸暗記」ではない、生活文脈と学校文脈がつながった概念の発達とはどのようなものか、また、そうした概念発達を促すためにはどのような支援がなされるべきかを明らかにしたいと考えた。詳しくは第2章で後述するが、ヴィゴツキーは、子どもが生活から得た知識や体験などを概念発達の基盤に据え、子どもが学校教育を受けることによって知的発達を遂げるプロセスを「生活的概念と科学的概念の統合」という枠組みで捉えている。また、その「生活的概念と科学的概念の統合」を促すものとして、「発達の最近接領域」における他者との言語的・非言語的な様々なやり取りを位置付けている。これは、上で述べたこれまでの研究に欠けていたと思われる二つの視点である。言語少数派の子どもは教科学習の中で生活から得た知識や体験などを基盤に、どのように概念を発達させていくのだろうか。そうした学習の過程で、子どもは他者とどのようなやり取りを繰り広げるのだろうか。

1.3 | 本書の構成

　以上のような背景と問題意識の下、本研究は、言語少数派の子どもの生活体験を基盤とする母語と日本語を介した教科学習において、概念がどのように発達するのか、そして、そうした概念発達を促すためにはどのような支援がなされるべきかを明らかにし、得られた知見と示唆を教育現場に提供することを目的とする。

　本書の構成について述べる。序論に続く第2章では、まず、本研究の理論的背景としてヴィゴツキー理論を採用する理由を他の理論と比較しながら述べる。続いて、本研究で援用するヴィゴツキーの理論について述べる。また、先行研究の検討から残された課題を整理する。第3章では、用語の定義を整理した上で分析の視点を述べ、研究目的を確認し、研究課題を設定する。続く第4章において、実践の概要と研究フィールド、対象者、分析データを説明する。第5章、第6章、第7章は、それぞれ研究1、2、3とし、実践から得られたデータを研究課題に沿って質的に分析し、考察する。第8章は結論として、分析結果をまとめた上で、総合的な考察を行い、本研究から得られた知見と示唆を述べる。最後に

本研究の限界と今後の課題を述べる。以下に構成図を表した（図1-1）。

第1章　序論：言語少数派の子どもの概念発達をめぐる問題
1.1　言語少数派の子どもが直面する「隔たり」
1.2　「身をもって理解すること」とは何か
1.3　本書の構成

第2章　先行研究：ヴィゴツキー理論と言語少数派の子どもに対する実践研究の検討
2.1　ヴィゴツキー理論
2.2　ヴィゴツキー理論を背景とする国内外の先行研究
2.3　言語少数派の子ども（海外）の生活体験に着目した先行研究
2.4　言語少数派の子ども（日本国内）の生活体験に着目した先行研究と先行事例
2.5　教科・母語・日本語相互育成学習モデル

第3章　研究目的、研究課題、研究方法
3.1　用語の定義と分析の視点
3.2　研究目的と研究課題
3.3　調査方法と分析方法

第4章　研究フィールドと実践の概要
4.1　研究フィールドの支援体制
4.2　対象者
4.3　フィールドにおける支援者の立ち位置
4.4　相互育成学習に基づく学習支援の概要
4.5　会話データ文字化の凡例

第5章　研究1
生活体験（家庭での体験／日本の学校での体験）を基盤とする概念発達の分析：子どもSの場合

第6章　研究2
母国での体験を基盤とする概念発達の分析：子どもYの場合

第7章　研究3
家庭での体験を基盤とする概念発達の分析：S親子、Y親子の場合

第8章　総合的考察：言語少数派の子どもの概念発達を促す教科学習支援の提案
8.1　研究1、2、3のまとめ
8.2　残された課題がどのように明らかになったか
8.3　結論：本研究から得られた知見と示唆
8.4　本研究の限界
8.5　今後の課題および総合的な内省

図1-1　本書の構成

注　[1]　本研究では清田（2007）に倣い、学校の授業言語である日本語以外の言語を母語とする子どもという意味で「言語少数派の子ども」という呼称を用いる。それは、一般によく使われている「外国人児童生徒」という呼び方では国籍で区別することになり、国籍は日本でも母語が日本語ではない子ども（中国帰国者家庭の子ども、国際結婚家庭の子どもなど）が除かれることになり、言語面に着目したいという研究趣旨に合わないからである。なお、本研究で単に「子ども」「子どもたち」と称するときも、この「言語少数派の子ども」「言語少数派の子どもたち」を指す。

[2]　「JSLカリキュラム開発の基本構想」を参照されたい。「JSLカリキュラム」とは、授業言語である日本語が第二言語となる（Japanese as Second Language）子どもたちの教科学習のために開発されたカリキュラムである。http://www.mext.go.jp/a_menu/shotou/clarinet/003/001/008/001.html（2019年1月21日アクセス）

[3]　言語少数派の子どもの言語背景は一様ではない。ここで書いたように、母国で出生し、ある時期まで母国で生育した後で来日した子どももいれば、日本語を母語としない親をもち、日本で生まれ育った子どももいる。本研究は2人の子どもを対象とするが、いずれも母国の小学校で2年間就学した後に日本にやってきた。本研究では、便宜上、対象とする2人の子どもがもつ言語背景（あるいは教育背景）を前提に議論することとする。

第2章 先行研究：ヴィゴツキー理論と言語少数派の子どもに対する実践研究の検討

本章では、まず、本研究の理論的背景であるヴィゴツキー理論を参照し、他の枠組みと比較しながら、生活体験（生活を通じて得られた知識や体験など）を基盤とする学習における「生活的概念と科学的概念の統合」とそれを促す「発達の最近接領域」を切り口として「概念発達」のプロセスを分析することを述べる（2.1）。次に、ヴィゴツキー理論に基づく国内外の先行研究を検討し、本研究の参考となる着眼点を導く（2.2）。そして、国内の言語少数派の子どもたちを対象とする学習で生活体験がどのように活かされたのかを検討し、そうした生活体験が活かされるための学習環境として、相互育成学習が適切であることを述べる（2.3、2.4）。最後に、相互育成学習の特徴や背景理論に触れるとともに、相互育成学習の先行研究を検討し、残された課題を導き出す（2.5）。

2.1 ヴィゴツキー理論

本研究では分析の理論的背景としてヴィゴツキー理論を参照する。本節では、まず他の類似する枠組みと比較しながら、本研究でなぜヴィゴツキー理論が有益なのか、その理由を述べる。続いて、本研究で分析のために援用する二つの視点「生活的概念と科学的概念の統合」と「発達の最近接領域」について述べ、さらに、ヴィゴツキー理論における「概念の発達」とはどのようなものなのかについて述べる。

2.1.1 生活文脈と学校文脈の二区分による枠組みとヴィゴツキー理論を選択する理由

ヴィゴツキーは、「知識体系の教授の過程では、子どもは自分の眼前に

ないもの、自分の現実の直接的経験の範囲をはるかに越えたものごとを学ぶ」（ヴィゴツキー 2001: 248）と述べ、日常生活でのことばの使われ方と学校の授業でのことばの使われ方の違いに着目し、「生活的概念／科学的概念」という枠組みで捉えている。「生活的概念」とは子どもが就学前から日常生活の様々な体験を通して自然に覚えたことばの意味である[1]。それに対し、「科学的概念」とは学校における教授の下で意識的に発達させていく一般化（＝抽象化）されたことばの意味を指す。同じように二区分によって、日常生活でのことばの使われ方と学校の授業でのことばの使われ方の違いを捉える他の研究者が提起した枠組みがある。例えば、Gibbons（1993）の「遊びの言語（play-ground language）／教室の言語（classroom language）」、Cummins（1980［2001］）の「BICS（basic interpersonal communicative skills）：基本的対人コミュニケーション能力／CALP（cognitive academic language proficiency）：教科学習言語能力」[2]、岡本（1995）の「一次的ことば／二次的ことば」などである。ここでは、日本で比較的よく知られている「BICS ／ CALP」および「一次的ことば／二次的ことば」の枠組みと、ヴィゴツキー理論との比較を行いたい。

　まず、「BICS ／ CALP」について述べる。Cummins（1980［2001］）は、子どもの第二言語能力について、直接対面して簡単な内容を口頭で話す状況下での第二言語能力は比較的短期間で習得されるのに対し、学年相応の教科学習に対応できる第二言語能力はそれより時間を要することを説明するために、この BICS と CALP の用語を用いた。Cummins は、後にこの二区分を4象限の概念へと発展させた（Cummins & Swain 1986）。これは教室における言語活動を認知的要求の高低（縦軸）と文脈依存度の高低（横軸）の直交する二つの軸で分け、四つの区分で説明したものである。さらに Cummins は、言語能力を三つの側面（会話の流暢度：conversational fluency, CF、弁別的言語能力：discrete language skills, DLS、教科学習言語能力：academic language proficiency, ALP）から捉えることを提唱するようになった（Cummins 2001）[3]。

　「BICS ／ CALP」の枠組みは「学校という場で求められる言語能力をより厳密に定義する」（本林 2006: 24）ものである。口頭で単純なやり取りをすることと教科学習に必要な第二言語能力とでは獲得できるまでの時間に差があり、前者の流暢さのみで教科学習に必要な言語能力が獲得さ

れていると看做すのは早計である。子どもは短期間で第二言語を習得すると思いがちな教育関係者たちに対し、簡単には習得できない言語能力の領域（CALP）があり、それこそが授業での学習に必要な言語能力であることに注意を喚起した点において、大きな意味があったと考える。

　もう一つの「一次的ことば／二次的ことば」（岡本1995）について述べる。岡本は、モノリンガルの子どもの言語発達に関し、就学を境にした子どもの言語環境の変化を「一次的ことば／二次的ことば」という枠組みで捉えている。「一次的ことば」とは、幼児期に始まることばのやり取りで、「具体的なことがらについて、状況の文脈にたよりながら、親しい人と直接対話のかたちをもって展開する言語活動」（岡本1995: 213）である。それに対し「二次的ことば」は、就学後教室内で展開されることばのやり取りで、現実の場面から離れた空間で、自分と経験や状況を共有していない相手との間でやり取りされ、状況の文脈の援助がなく、ことばの文脈だけにたよらなければならないという抽象的な言語活動である（岡本1995: 214）。

　「一次的ことば／二次的ことば」の枠組みは日本人のモノリンガルの子どもの言語発達を解明するための枠組みであり、バイリンガルの子どもの第二言語能力を解明するための枠組みである「BICS ／ CALP」と単純に比較することは危険であるが、両者は直接対面のやり取りかどうかと文脈依存の程度に着目している点で、近似した着想をもっていると言ってよいだろう。学校の教科学習で展開されることばのやり取りは、眼前で具体的に展開されることばのやり取りとは異なる、子どもの現実の生活文脈から離れた複雑かつ抽象的なものであるということに着目し、二区分によって説明している点で近似している。しかし、ヴィゴツキーによる「生活的概念／科学的概念」の枠組みは、上の二つの枠組みからは得られない次のような二つの視点をもっていると考える。

　一つ目の視点は、ヴィゴツキーは、生活的概念と科学的概念は孤立した領域のものではなく、生活的概念を基盤に両者の相互作用あるいは統合によって、子どものことばと思考が発達すると捉えていることである。「BICS ／ CALP」および「一次的ことば／二次的ことば」の枠組みでは、「BICSからCALPへ」「一次的ことばから二次的ことばへ」という発達の方向性は示されているが、相互作用あるいは統合といった捉え方

第2章　先行研究：ヴィゴツキー理論と言語少数派の子どもに対する実践研究の検討

9

は示されていない。

　二つ目の視点は、「生活的概念／科学的概念」の枠組みのみではなく、ヴィゴツキーは生活的概念と科学的概念の統合（あるいは相互作用）を促すものとして、他者との社会的交流（発達の最近接領域におけることばのやり取り）が明確に位置付けられているということである。ただし、「一次的ことば／二次的ことば」の枠組みには、発達の最近接領域の理論に通じる論考がある。岡本によると、「一次的ことば」をやり取りする幼児の世界にいた子どもが、就学を機に学習するための言語である「二次的ことば」に接したとき、子どもはとまどい、緊張し、努力しながら新しい世界に入っていくという。そして、そのような困難やとまどいを和らげるものとして、岡本は教師の役割を重視している。具体的には、教師が子どもの反応を見ながら、抽象的な「二次的ことば」を子どもが分かる「一次的ことば」に置き換えるなど、言わば「一次的ことば」と「二次的ことば」の間を取り持つことによって、とまどいを和らげるというものである（岡本 1995: 217–221）。このように「一次的ことば／二次的ことば」の枠組みでは、両者の隔たりを埋める役割を担うものとして、教師による教育的働きかけの効果が示唆されている。同様に「BICS ／ CALP」の議論でも、子どもの第二言語能力獲得には社会的要因も大いに関わり、特に教室で教師がどのように子どもに接するかが重要であると指摘されている（Cummins 2000）。このように、教師の役割や他者との交流に言及している点で「一次的ことば／二次的ことば」および「BICS ／ CALP」の枠組みは、ヴィゴツキーの見解に通じる論考もある。しかし、ヴィゴツキーのように「発達の最近接領域」という理論を打ち立て、他者との交流が二区分の領域の統合を促すものとして明確に体系付けられてはいないのである。

　序論で述べたように、本研究では、「分からないまま」や「表面的な理解」あるいは「丸暗記」ではない、「身をもって理解すること」とはどのようなものかを探求する。そのために、子どもが知っていることや体験したことを教室での教科学習に結び付けるプロセスを解明し得る視点として、本研究ではヴィゴツキーが提起した二つの理論「生活的概念と科学的概念の統合」と「発達の最近接領域」を援用する。その理由は、上で述べた他の二つの枠組みには、本研究の関心を明らかにし得るこうし

た視点が不十分であり、ヴィゴツキー理論のみが明確であると考えるからである。

　次項から、このヴィゴツキーが提起した二つの理論「生活的概念と科学的概念の統合」と「発達の最近接領域」について述べる。

2.1.2　生活的概念を基盤とする科学的概念との統合

　上でも述べたように、ヴィゴツキーは、生活文脈と学校文脈とでは、ことばの使われ方に違いがあることに着目し「生活的概念／科学的概念」（ヴィゴツキー 2001）という枠組みを提起した。ヴィゴツキーは、「兄弟」を例に、生活的概念と科学的概念との違いを説明している（ヴィゴツキー 2001: 244）。ヴィゴツキーによると、子どもは就学前から日常生活を通じて「兄弟」を知っていて、そうした実体験に根差した具体的な「兄弟」が生活的概念である。それに対し、学校教育を受けることによって発達させていく抽象化あるいは一般化された意味をもつ「兄弟」が科学的概念である。子どもは就学後、教科学習の中で抽象的思考に習熟していくことによって、「根源を同じくするもの」「外見が似ているもの」のような抽象的な捉え方が徐々にできるようになると考えられる。

　二つの概念は対立するもののように見えるが、ヴィゴツキーは生活的概念と科学的概念は「二つの孤立した運河に沿って流れるものではなく、両者はたえざる相互作用の過程のなかにある」（ヴィゴツキー 2001: 242）と述べる。例えば、上の「兄弟」を例に考えてみたい。ある子どもが、学校教育を受ける中で、自分が生活の中で知っている「兄弟」とは異なる抽象的な使い方があることに気付いたとする。「A国とB国は兄弟の関係にある」のような使い方である。そのとき、生活的概念としての「兄弟」と科学的概念としての「兄弟」が結び付き、言わば二つの概念は統合されて子どもの内面に取り込まれる。つまり理解されることになる。ヴィゴツキーの見解では、生活的概念と科学的概念は対立するものでははい。ここで例とした「兄弟」のように、子どもが生活から得た知識や体験などを、教科学習で目標とされる科学的概念に結び付けることができたとき、科学的概念は子どもの具体的な経験に裏打ちされて子どもの内面に取り込まれることになる。それと同時に、子どもの具体的な経験は抽象的あるいは科学的に捉え直され、新しい意味が付与される

第2章｜先行研究：ヴィゴツキー理論と言語少数派の子どもに対する実践研究の検討

ことになる。ヴィゴツキー理論における子どものことばと思考の発達は、「静的なものでは決してなく、学習者の体験や情動をも取り込んだ〈個人的・具体的なもの〉と〈一般的・科学的・抽象的なもの〉との不断の往還運動の中においてこそ捉えられなければならない」（西本 2003: 7）のである。

　生活的概念と科学的概念の結び付きについて、ヴィゴツキーは次のような説明もしている。科学的概念とは、上述のように「学校における教授の下で意識的に発達させていく一般化・抽象化されたことばの意味」であるが、それは「出来上がった形で習得されるものではなく」（ヴィゴツキー 2001: 226）、「記憶や暗記で習得されるものでもない」（ヴィゴツキー 2001: 229）。つまり、授業で教師のことばによって説明された科学的概念（つまり「出来上がった形」の概念）が子どもに受け渡され、それを子どもが記憶したり暗記したりすることではないのだ。そうした理解の進め方ではなく、科学的概念の発達は「子どもがそれに関してもっている経験（生活的概念）との結合、その経験の自分の中への吸収といった形で進行する」（ヴィゴツキー 2001: 316）という。つまり、子どもがもっている具体的な経験（生活的概念）を基盤に、それと抽象概念（科学的概念）との丁寧な摺り合わせが行われる過程、上で述べた二つの概念の相互作用（統合）の過程を経ることが重要なのである。

　そうした過程を経ていない、具体的体験と接点をもたない抽象概念の理解や使用をヴィゴツキーは「言葉主義、具体的内容の不足」（ヴィゴツキー 2001: 228）として問題視した。先にも述べたが、教科学習では「表面的な理解」あるいは「丸暗記」といった安易な理解が起こり得る。抽象概念などが具体的な知識や体験とつながっていない状態である。先の「兄弟」の例で言えば、ヴィゴツキーは、子どもは兄弟とは何かを自分のことばで説明するより、アルキメデスの法則とは何かをうまく説明できることがあると指摘する（ヴィゴツキー 2001: 244）。日常生活でよく知っていることがらを自力で抽象的に説明することは、子どもにとって容易なことではない。学校文脈での概念の使い方に慣れてくると、授業における教師の定義（科学的概念）をそのまま覚えて巧みに返答することもあり得る。

　そうならないようにするには、「子どもが自分自身のこれまでの知識

12

や感情体験をすべて総動員し、重ね合わせて理解すること、説明できるか否かという次元を超えた、まさに身をもって理解する」（中村2010: 157）ことが重要である。このように、生活的概念と科学的概念の統合（あるいは相互作用）」という視点は、筆者の問題意識である「分からないまま」「表面的理解」「丸暗記」ではない概念の理解、つまり「身をもって理解すること」とはどのようなものかを解明し得る視点である。

2.1.3　発達の最近接領域

　続いて、もう一つの理論「発達の最近接領域」（ヴィゴツキー2001）について述べる。ヴィゴツキーの考え方では、生活的概念と科学的概念の摺り合わせは、子どもが1人で進めるのではない。子どもは、周りの人々との様々なかたちの交流、つまり言語的・非言語的な媒介を通じて様々な文化的・社会的交流をもつことによって、生活的概念と科学的概念を結び付け、ことばと思考を発達させると捉えられている。

　ヴィゴツキー理論は「学校教育を受けることによってことばと思考を発達させる子ども」を前提としている。子どもは学校で教師による教授を受けるが、大人と子どもの知識や能力の差は明白である。学校教育を通じた教授では、教える側と教えられる側との間に能力差が存在する。しかしヴィゴツキーはこの能力差を否定的に見ず、むしろそこに教育の可能性を見出し、「発達の最近接領域」という独創的な理論を生み出した。ヴィゴツキーは、子どもは1人では課題を解決できないが、教師などの大人の協力や指導の下で解決できる発達の領域をもっており、このような他者との共同[4]の下で子どもの知的能力はより高度の水準に高まると述べる（ヴィゴツキー2001: 301）。「発達の最近接領域」とは、子どもが独力で解決できる発達水準と大人（他者）の指導や援助の下で解決できる水準との隔たり、すなわちその間に想定される共同で可能となる領域を指す。教科学習の過程では、もちろん生徒が独力で解決できる課題もある。しかし、生徒が独力で課題を解決できないときには、教室では日常的に、教師が実物や図などを用いて視覚的に分かりやすくしたり既習事項を思い出させたりするなど様々な援助をする。生徒同士が援け合うこともあろう。他者との共同で可能となる領域を想定すれば、確かに子どもの能力と発達の可能性は広がる。

第2章　先行研究：ヴィゴツキー理論と言語少数派の子どもに対する実践研究の検討

ここまで述べきたように、ヴィゴツキーは、生活から得られた具体的な経験（生活的概念）を基盤とし、それが抽象概念（科学的概念）と統合される中で、子どもは概念を発達させていくと捉えている。そして、そうした概念の発達を促すのは、「発達の最近接領域」における他者との共同である。つまり、「生活的概念と科学的概念の統合（あるいは相互作用）」と「発達の最近接領域」とが、言わば縦糸と横糸のように交差する過程を捉え、子どもの「概念の発達」を分析していくということである。では、「概念の発達」とはどのようなものだろうか。

　次項では、ヴィゴツキー理論における「概念の発達」について述べる。

2.1.4　ヴィゴツキー理論における概念の発達

　ヴィゴツキー理論における「概念」は「ことばの意味」を指し、ヴィゴツキーは、「概念（＝ことばの意味）は発達する」ことを前提としている（ヴィゴツキー 2001: 226）。「ことばの意味」とする理由は、ヴィゴツキーが「意味」と「語義」を区別していることに関連する。この点が「概念発達」とはどのようなものかに関わる。

　ヴィゴツキーによれば、単語の「意味」は文脈によって様々に変わるものであり、常に動的な、複雑なものであり、一方「語義」とは、単語が獲得する「意味」の諸領域の一つで固定化・規格化された正確な領域であるとされる（ヴィゴツキー 2001: 415）。確かに、ことばの意味には、辞書で定義されているような一般的な意味（＝語義）の他に、特定の個人や集団などの状況下のみで共有されるような意味もあり、実に多様な意味があり得る。子どもは、幼児期には家庭や地域社会などの限られた範囲内で共有されていることばの意味（＝生活的概念）のみを知っているが、就学後に教育を受けることによって一般的・固定的な意味（＝語義）や教科に関わる科学的概念も学ぶ。ヴィゴツキーの言うことばの「意味」とは、ある文脈下においてのみ共有されている限定的な意味、一般的・固定的な意味（＝語義）、そして科学的概念を含む、広範囲で動的なものである。

　ヴィゴツキーは「単語は、それが織り込まれた文脈全体から<u>自分自身の中に知的・情動的内容を受けいれ、吸収し</u>、われわれがそれを孤立的に文脈外で見るときにそれに含まれているものよりも、より多くのものを意味するようになる。より多くのものを意味するようになるというの

は、その語義の範囲が、新しい内容に満たされた一連の領域をさらに獲得することによって拡大するからである」（ヴィゴツキー 2001: 415、下線は筆者）と述べている。これは、生活的概念しか知らなかった子どもが、学校教育を通じて様々な教授を受けることによって、より多くのことばの意味を獲得していく、つまり概念（＝ことばの意味）が広がっていくと解釈できる。

　また、ヴィゴツキーが「自分自身の中に知的・情動的内容を受けいれ、吸収し」（上の下線部分）と述べていることに留意したい。中村が「ことばの意味は知的なものと感情的なものとの統一体である」（中村 2014: 22）と解説しているように、知的に刺激されるのみではなく、感情的にも動かされることによって、概念は拡大していくと考えられる。

　本研究では、このようなヴィゴツキーの「概念（ことばの意味）は発達する」という見解に基づき、「概念が変化したり広がったりする様相」を「概念発達」と定義する。そして、2.1.2項で述べた「生活的概念と科学的概念が統合」されるプロセスにおいて、このような「概念の発達」が可視化されると考える。

2.2 ヴィゴツキー理論を背景とする国内外の先行研究

2.2.1 ヴィゴツキー理論を背景とする日本国内の先行研究

　ヴィゴツキー理論を背景とする、日本国内の日本人児童生徒を対象とする先行研究は多数見られるが、日本国内の言語少数派の子どもを対象とするものは少ない。ここでは、まず先行研究が多く見られる日本国内の日本人児童生徒を対象とするものを見ていく。

　ヴィゴツキーの生活的概念と科学的概念の枠組みは、日本国内で様々な教科の研究の分析視点となっている。中でも、齋藤・黒田・森本（2010）、森本・齋藤・黒田（2011）、白數・小川（2013）など理科の授業を対象とするものが多く見られる。言語教育として本研究に通じる国語科[5]の研究では、古典教育（坂東2010）、読む教材と作文の授業（川田2014）、国語科ではないが、生活指導として自分たちの生活を概念化した作文を書く方法の提案（杉山2008）などがある。いずれの教科でも、科学的概念の一方的な受容による習得を重視しがちな、言わば知識偏重型の

第2章　先行研究：ヴィゴツキー理論と言語少数派の子どもに対する実践研究の検討

授業に対する疑問を呈し、生活的概念と科学的概念の統合を探求する授業実践や論考を行っている。また、両概念の統合を促すものとして、発達の最近接領域における他者との共同を注視し、教室談話のデータや作文データを質的に分析する方法を採用している。

　この中で、作文を対象としている川田（2014）と杉山（2008）は、生活的概念と科学的概念の統合のプロセスを可視化するに当たって、興味深い研究方法の着想を与えてくれる。川田の国語の授業は小学校4年生の児童が日常の生活体験を題材とする作文を書くというもので、杉山の生活指導は様々な問題を抱えて学校生活に不適応を示す中学生が自分の生活を題材とする作文を書くというものである。つまり、子どもの頭の中にある生活体験や生活の様子など、言わば生活的概念の基盤となっているものを言語化し、文章化するということである。ヴィゴツキーは、「ことばはもっとも初歩的なタイプの一般化である」（ヴィゴツキー 2001: 229）と述べる。確かに、個人の内面には常に「ことばにならない何か」、例えば様々な考えや感情がある。それを「ことば」に置き換えることは、多かれ少なかれ「一般化（抽象化）」の行程を要求する。なぜならその「ことば」は、すでに人口に膾炙している「一般的な意味」をもっていて、内面にある考えや感情をそれに置き換えなければ、他の人に理解してもらえないからだ。「このことばではわたしの言いたいことを表現しきれない」とわたしたちがときに煩悶するのは、内面にあるものと「一般的な意味」との間にしばしばズレが生ずるからであろう。

　そのように考えると、子どもが体験を作文に書くという行程では、子どもの頭の中にある記憶や感情などを「ことば」に変換すること自体が初歩的な一般化あるいは抽象化を要求する作業であると言える。言い換えれば、体験を言語化することは、他の人との共通理解が可能なかたちに変換するために、自分の内面にあるものに最も近い概念（意味）をもつ語や表現を選び取る過程、つまり概念を選択する過程と言えよう。話しことばでもその都度こうした概念の選択が行われている。しかし、瞬時に相手に対し発せられる話しことばと比較して、書きことばの概念選択の方がより詳細に概念を選び取る過程が可視化できるだろう。例えば、内田（1999: 220–225）は、発話思考法（頭の中で考えたことをその都度発話してもらう）を用いて小学校6年生の児童の作文推敲の思考プロセスを可視化

した。こうした研究方法は言語少数派の子どもの概念発達の様相を可視化するためにも有効であると考えられる。

以上のように、ヴィゴツキー理論を背景とする日本国内の日本人児童生徒を対象とする先行研究では、特に川田（2014）から本研究への示唆が得られる。書く活動における概念を選択する過程において概念の初歩的な一般化・抽象化というかたちの概念発達の様相が可視化され得るということである。これが本研究の参考となる着眼点の一つ目である。

また、書く活動における概念選択の過程では、教師やクラスメイトなどの他者との話し合いをもちながら、子どもが自分の生活や体験を作文に書くことの重要性が指摘されている（杉山2008, 川田2014）。つまり、書くことの過程で生まれる発達の最近接領域における他者とのやり取りへの着目である。これが本研究の参考となる着眼点の二つ目である。

2.2.2　ヴィゴツキー理論を背景とする海外の先行研究

日本国内のヴィゴツキー理論に基づく先行研究に続いて、海外の言語少数派の子どもを対象とするヴィゴツキー理論に基づく先行研究として、Hedegaard & Chaiklin（2005）、Gonzáles & Moll（2005）、Moll（2014）を挙げる。

まず、Hedegaard & Chaiklin（2005）は、ニューヨークのプエルトリコ住民コミュニティに住む子どもたちを対象に、子どもたちがコミュニティに関して知っていることを生活的概念とし、自分たちのコミュニティの特徴と抱える問題をモデル化（抽象化）してプレゼンテーションするという教育プログラム「コミュニティに根差した授業[6]（Radical-Local Teaching and Learning）」を行った。コミュニティを地図で把握する、コミュニティに住む大人にインタビューする、調査結果から統計的資料を作成するなどの活動を経て、子どもたちは具体的な地域の問題を分析するための一般的な概念を整理し、最後にモデル図を作成し、発表した。言語少数派の子どもたちが自分たちのコミュニティやルーツについて何となく知っていたこと（生活的概念）を基盤にして、そうした生活的概念を抽象的に捉え直していく過程に、生活的概念と科学的概念の統合が促されている。またコミュニティに住む大人にインタビューを行ったり、授業で教師や仲間たちと様々なやり取りを行ったりする過程、つまり発達の最近

第2章　先行研究：ヴィゴツキー理論と言語少数派の子どもに対する実践研究の検討

接領域を活用した子どもたちの成長も重視されている。

　次に、Gonzáles & Moll（2005）、Moll（2014）は、言語少数派の家庭が生活を支える家業をやりくりするため、あるいはよりよい暮らしを実現するために伝えてきた知識や技能・行為などの多様な集合体を「知識の資産（funds of knowledge）」として価値付け、そうした「知識の資産」を活かした授業作りによって、彼らの暮らしを授業に反映させることを教師たちに呼び掛けている。この「知識の資産」が生活的概念のベースである。例えば、メキシコにルーツをもつ子どもの家庭で行われ、子ども自身も関わっている馬の飼育を題材に、社会・国語・理科などの教科を横断した授業実践（Moll 2014: 131–137）などがある。準備のために教師は家庭への訪問を重ね、さらに親を教室に招いて授業に協力してもらった。そうしたことによって、疎遠だった学校と言語少数派の家庭の関係が信頼と敬意で結ばれるようになったという。Moll（2014: 136）は、こうした実践は現代の学校において生活的概念と科学的概念との統合を具体化するものであり、日常生活で育まれた知識と抽象概念を結ぶやり取りは発達の最近接領域をつくり出し、子どもの発達を促すと指摘している。この実践から、家族の仕事に関わる知識や体験への着目、学校と家庭の連携および親の参加という示唆が得られる。

　教育現場では、言語少数派の子どもがもつ多様な背景として母国や出身地の歴史や文化・習慣などがよく学習に結び付けられる。これらは「母文化」として大きく括ることができよう。しかし、上の二つの海外の言語少数派の子どもを対象とする研究では、住んでいるコミュニティや家族など、いずれも、子どもにとって非常に身近な範囲で生まれたもの、その子ども固有の文化的・歴史的背景とも言うべきものが焦点化されている。母文化一般というよりも、子どもにとってより身近で、言わば子どもや子どもの家族が主人公とも言うべき文脈で得られた知識や体験であるという点で、注目に値する。これが本研究の参考となる着眼点の三つ目である。

　また、学習のリソースとしての言語少数派の大人たち（家族やコミュニティの大人たち）の重要性も示されている。そこで、着眼点の四つ目として、言語少数派の人々が学校の授業に参加したり協力したりすることを挙げる。

2.3 | 言語少数派の子ども（海外）の生活体験に着目した先行研究

　海外の言語少数派の子どもの生活体験などに着目した先行研究は、ヴィゴツキー理論に基づくものではないものも見られる。例えば、Cummins & Early（2011）が挙げられる。Cummins & Early（2011）の特徴は「アイデンティティー・テクスト（identity text：アイデンティティーが投影された作品）」という理念にある。これは、カナダの小学校で全国的プロジェクト[7]の一部として行われた教室実践などを土台に生まれた理念である。具体的な教室活動は、子どもたちの家庭言語と教室言語である英語の両方を使ってポスターや絵本、ビデオなどの様々なタイプの作品を創作するというものである。例えば、多様な言語・文化的背景をもつ子どもが母国を離れて入国したときの体験や、母国の祖父母のもとを訪れた体験、故郷の町と現在住むカナダの町との比較などを題材とする創作作品などがある。

　「アイデンティティー・テクスト」はマルチリテラシーの育成を目指すものであると同時に、その理念の根幹は、作品製作の過程で子どもたちが自己のアイデンティティーを作品に投影することによって自己肯定感を高めるという点にある。また、教師や家族、同じ母語を話す年上の子どもなどの様々な人的リソースとの接触を通じて、作品に投影された自己のアイデンティティーを再確認することができる。

　この「アイデンティティー・テクスト」はヴィゴツキー理論に基づくものではないが、子どもの体験や家族のルーツなど、生活的概念に近似するものが学習の起点となっている。特に、上でも触れた故郷の町と現在住むカナダの町とを比較した「アイデンティティー・テクスト」の例では、故郷の町での実体験を基盤に子どもたちの意味構築が推し進められ、教科書で学ぶような単純な二項対立的なものではない、実感をもった、田舎と都会との比較対照を描くことができたという（Cummins & Early 2011: 36–38）。この点は、2.2.2項で挙げた着眼点の三つ目（固有の文化的・歴史的背景への着目）に通じる。

　また、同じ母語を話す他者と協力して作品を創作することを重視しており、これは発達の最近接領域への着目に通じる発想、つまり2.2.2項の

第2章　先行研究：ヴィゴツキー理論と言語少数派の子どもに対する実践研究の検討

着眼点の四つ目（言語少数派の人々との協力）に通じる着想であると言える。

さらに、多言語リテラシーを育成するため、ビデオ作品のスクリプトなども含めて何らかの書く活動を行っており、そこには、他者との話し合いをもちながら子どもが自分の生活や体験を作文に書くという日本国内の先行研究（川田2014）と共通するねらいがあると考えられる。書くという行為が概念の一般化・抽象化を促し、他者とのやり取りがそれを推し進めるという枠組みである。これは、2.2.1項で挙げた着眼点の二つ目に通じる。

2.4 言語少数派の子ども（日本国内）の生活体験に着目した先行研究と先行事例

前々節（2.2）では、ヴィゴツキー理論に基づく国内外の先行研究を検討した。日本国内では、ヴィゴツキー理論に基づく日本人児童生徒を対象とする研究は多く見られるが、言語少数派の子どもを対象とする研究は、滑川（2014）[8]の他、管見の限り見られない。そこで本節では、ヴィゴツキー理論に基づくものではない、日本国内の言語少数派の子どもを対象とする生活を通じて得られた知識や体験などに着目した先行研究や先行事例を挙げる。

2.4.1 日本国内での生活体験に着目した先行事例

先にも述べたように、言語少数派の子どもの体験などは、母国で得たもの、日本に来てから母語を介して家庭での生活を通じて得たもの、日本に来てから日本語を介して学校などで得たものが想定される。この中で、日本国内で最も多く行われている生活体験などに着目した取り組みは、日本語のみで学習できる三つ目のものである。ここでは、最も多く行われている三つ目のもの、つまり日本に来てから日本語を介して得られた知識や体験などに着目した取り組みを挙げる。

その例として、文部科学省が言語少数派の子どもたちのために開発した「JSLカリキュラム」[9]が挙げられる。JSLカリキュラムでは、日本語力が限られている子どもたちが教科学習に取り組むために、言語のみを介するのではなく視覚的効果や体験を重視した学習が提唱されている。例えば、家で毎日使っている水道に関わる体験などを活性化させて理科

や社会科の授業の内容理解に結び付けることなどである。その他、トピック型授業[10]の実践例としては、小学校の校庭にある樹木の中から各自が「わたしの木」[11]を決めてその特徴などを体感しながら摑み、書く活動と簡単なプレゼンテーションに発展させる授業がある。これは、五感を通じて具体的に摑んだ内容を抽象化して作文やプレゼンテーションに発展させるというもので、確かに体験を基盤に抽象化された学習に結び付けるものである。しかし、この場合は、授業のために言わば体験的な学習を行うものであり、実際の日常生活の中から得られた知識や経験とは異なる意味での体験である。

　また、「出来事作文」の取り組みもある（齋藤2001, 池上・大上・小川2003）。これは、日常生活での出来事や学校行事を通じて経験したことなどを作文に書くものである。先にも述べたように、作文を書く活動は、子どもの内面にある記憶や思い出が言語化（＝概念が選択されること、一般化・抽象化）される過程を可視化しやすい。齋藤（2001）では、子どもが教師と主に日本語でやり取りして、子どもの内面にある体験が言語化されていく過程が会話データと作文データの中で可視化されている。ジェスチャーや母語なども交えながら体験の詳細が教師に伝えられ、教師と子どもが協力してぴったり合う表現を選択していく過程は、体験が他者との共同によって言語化（＝概念の選択、一般化・抽象化）される過程として、本研究の参考となる。着眼点の一つ目である。

　以上の二つの例は、いずれも日本での体験に着目した日本語を介した学習である。日本に来てからの生活体験は、彼らが新しい環境にしっかり根を張り周囲の人々と豊かな交流がなされているかを知る手がかりでもあり、意義のある研究対象であると考えられる。

　他方、母国や家庭での生活を通じたもの、つまり母語や母文化をベースとした日本国内の実践にはどのような例があるだろうか。

2.4.2　母国や家庭での生活体験に着目した先行研究と先行事例

　言語少数派の子どもは一般的な日本人の子どもとは異なる文化的・歴史的背景をもっている。そこに着目し母国や家庭での生活に関わる知識や体験などが授業で活かされた例としては、齋藤・見世（2005）、土屋（2009）、佐藤郡衛（2010）、山中（2009）、落合（2012）などが挙げられる。

それらの内容は、小学校の総合的な学習として行われた「出身国紹介」（齋藤・見世2005）、同じく小学校の総合的学習として行われた移民に関する学習およびそれを題材とする創作劇の上演（土屋2009）、小学校の生活科の授業で行われた「おしえてあげよう　わたしのくにのあそび」などの学校における多文化共生の試み（佐藤郡衛2010: 188–193）である。生活科や総合的学習などで母国の地理、歴史、文化や習慣などが授業に採り入れられた例が多い。研究論文や実践報告のかたちではないが、関東地方の中学校の日本語教室で行われた中国出身の生徒による漢詩の日中間の違いについての学習[12]など、文化（あるいは文芸）が活かされた授業もある。

　この中で、落合（2012）と山中（2009）では、子どもの親あるいは地域在住の外国人を学校に招いて、一般的な「母文化」に止まらない、家庭や個人に固有の体験が活かされており、本研究の参考となる。

　落合（2012）では、小学校6年生の社会科の授業に保護者の1人を招きベトナム戦争の体験を子どもたちに語ってもらったという。過酷な歴史における個人の体験を思い起こして子どもたちに語ることは、子どもたちにとっては歴史を実感できる貴重な機会だが、簡単に依頼できることではないと思われる。落合は、その小学校に設置されているベトナム語母語教室での活動を通じて保護者と緊密な関係を築いていたからこそ、躊躇する保護者を説得して語ってもらうことができたと報告している。

　一方、山中（2009）は、JSLカリキュラムのトピック型授業として日本語指導教室で行った「赤ちゃんのふしぎ」と題する授業実践を報告している。これは、出産を控えた日本語指導教室に通う子どもの母親を教室に招いて心音を聴いたり命を慈しむ気持ちを語ってもらったりした特別授業である。赤ちゃんに関する知識のみではなく、命の大切さや親の愛情を感じることをねらったこの授業から、民族文化や母国の社会・歴史に限らない、言語少数派の家庭のありのままの「日常」あるいは「生活」が、学校での授業に結び付けられることが分かる。また、これは親から見れば子育て経験を教育に結び付けたこととなり、つまり家庭生活における親子に共通の体験への着目と言えよう。

　以上のような先行研究や実践事例から、本研究のためにどのような示唆が得られるだろうか。これらは、母文化として大きく括られるもの

（民族文化や習慣、母国の地理や社会、歴史、文芸に関わる知識や体験など）が授業に活かされたものが多い。しかしそれらに限らない、家庭でのありのままの暮らしや体験が授業に結び付いた例も見られた。親子の愛情という子どもにとって非常に身近な生活の情景は、海外の事例（Hedegaard & Chaiklin 2005, Gonzáles & Moll 2005, Moll 2014, Cummins & Early 2011）で示唆された、いわゆる母文化よりもっと身近な、その子どもや家族に固有な文化的・歴史的背景に関わる知識や体験への着目に通じるものがある。そこで、こうした言語少数派の家庭のありのままの生活や親子に共通の生活体験への着目を着眼点の三つ目（固有の文化的・歴史的背景への着目）に類するものと捉えることにする。

　また、上の研究や事例の中では、土屋と落合と山中の実践で、学校の教師たちと言語少数派の保護者あるいは地域の言語少数派の大人たちの間に交流が生まれたことが報告されている。教師たちと言語少数派の大人たちとの交流は相互理解を深め、子どもたちの教育環境がよい方向に向かったことが推察される。これらの日本国内での実践は、こうした言語少数派の大人たちの教育への参加や協力という点でも、海外の先行研究、Hedegaard & Chaiklin（2005）、Gonzáles & Moll（2005）、Moll（2014）、Cummins & Early（2011）に通じるものがある。つまり着眼点の四つ目である。

　こうした子どもたちの文化的・歴史的多様性を活かした母国や家庭に関わる知識や体験を基盤とする学習では、当然のことながら、言語少数派の人々とどのように協力関係を形成するかという課題が見えてくる。この点について次項でさらに先行研究の検討を行いたい。

2.4.3　母国や家庭での生活体験を活かすための　　　言語少数派の人々との協力関係

　南浦（2013）は、母国に関わる知識や体験を取り入れた小学校の社会科の授業実践を分析した研究である。南浦は、小学校4年生の言語少数派の子どもを対象とする社会科授業「わたしたちのまわりのお店のくふう」[13]において、母国の文化や社会背景を取り入れた実践を行った。しかし、最初の試みはうまくいかなかった。子どもの出身地の地図やその国で一般的な商店の写真を見せるだけでは、子どもの興味・関心を引か

第2章｜先行研究：ヴィゴツキー理論と言語少数派の子どもに対する実践研究の検討

ず、理解にはつながらなかったからである。南浦は「自分がやってきた母国、あるいは以前に住んでいた市や町のことについて子どもがなんでも知っているわけではないし、身近に感じているわけでもない」（南浦 2013: 120）と省察している。一方で、別の子ども（中国人）を対象とした同じテーマの授業の2回目の試みでは、ゲストティーチャーとして中国人留学生に協力してもらったことで、子どもの考えに変容が見られた。具体的には、子どもは授業の最初の段階では母国の商店に否定的感情をもっていたが、中国人留学生と母語を交えてやり取りする中で、中国の小規模の店は値段が安いことや店の人が親切であることを思い出し、そうしたことが「お店のくふう」に含まれると認識するようになった。このように中国人留学生とのやり取りを通して自身の経験を価値付けられたことで、母国と日本の商店の双方を肯定的に見ることができるようになったという。

　南浦の実践は示唆に富む。筆者も言語少数派の小学生を対象に学習支援を行っており、子どもによっては、母国や出身地の社会や文化、歴史などを十分にまだ学んでいないうちに日本にやって来るというケースもあることをよく理解できる。そうした背景を十分に理解することなく、安易に母国の文化や社会背景を授業に結び付けようとすることは、南浦が省察するように、ときに逆効果にさえなりかねない。一方、南浦の第二の試みが功を奏した一因は、やはり留学生という、子どもと同じ文化や社会にルーツをもつ、より成熟した人の協力を仰いだ点であろう。ここから、発達の最近接領域において誰と共同するかということに関し、母国や家庭に関わる知識や体験を基盤とするならば、同じ文化や社会にルーツをもつ、より成熟した人が相応しいということが示唆される。つまり着眼点の四つ目（言語少数派の人々との協力）である。

　南浦は、第二の試みの後にも二つの実践授業を行っている。後に続く二つの実践でも子どもと同じ母語を話す人の協力を得ているが、第二の試みのように母語を介した豊かな交流や共同は重視されていない。そうせざるを得なかった理由として、南浦のフィールドが基本的に言語の多数派である日本人支援者によって進められるもので、言語少数派の人々との協働によって進められる場ではないことが考えられるのではないだろうか。上でも述べたように、母国や家庭に関わる知識や体験に着目す

るときには、言語多数派の思い込みに陥らないための注意が必要であり、言語面や文化面の配慮から、やはり言語少数派の人々との協働による学習環境においての実践が望まれるのである。しかし、南浦のフィールドに限らず、2.4.1項と2.4.2項で検討してきた国内の言語少数派の子どもを対象とする実践では、母国や家庭に関わる生活体験などを活かした教科学習を行うときに、一時的には言語少数派の大人の協力を得ているが、普段は言語多数派の日本人教師や支援者によって進められている。これらの実践の中で、言語少数派の大人が継続的に教科学習に加わる取り組みは、管見の範囲では、実は一つも見られなかった。ここに本研究の分析対象として「教科・母語・日本語相互育成学習モデル（略称：相互育成学習）」（岡崎1997）に基づく学習支援が選択される理由がある。相互育成学習は、言語の多数派と少数派による協働体制を基本とする教科学習支援であり、子どもと母語を使って学習する支援者（母語話者支援者）が継続的に参加する。もちろん日本人支援者も参加するため、日本に来てからの生活を通じて得られた様々な知識や体験などを学習につなげることも可能である。

　次節では、相互育成学習とはどのようなものなのか、これまで何を明らかにしてきたのか、相互育成学習の実践で体験などはどのように位置付けられてきたのかなどについて述べる。

2.5 | 教科・母語・日本語相互育成学習モデル

2.5.1 「教科・母語・日本語相互育成学習モデル」とは

　筆者は、言語少数派の子どものための学習方法として、「教科・母語・日本語相互育成学習モデル」（岡崎1997）[14]を10年ほど実践してきた。この名称は、教科学習をブリッジに母語と日本語を相互に支え合いながら育成させる（岡崎2005: 174–175）という学習方法に由来する。所属する学年の教科学習、すなわち発達段階に応じた認知的学習が、母語と日本語の二つの言語をつなぐ（ブリッジ）という意味である。日本国内の言語少数派の子どもに対する学習支援は、日本語の教科書などを使った文型積み上げ型の日本語学習、漢字などの文字学習、あるいは日本語のみを介した教科学習が行われることが多い。しかし相互育成学習では、日本語

第2章　先行研究：ヴィゴツキー理論と言語少数派の子どもに対する実践研究の検討

のみではなく母語を介して教科学習を行い、教科学習の中で日本語の語彙や文法の運用、文字なども包括的に学ぶ。内容重視アプローチ型の学習に属するとも言える。

相互育成学習の第一の特徴は、母語専一の学習、つまり媒介語として母語を使うのではなく、母語で教科学習を行う場が確保されていることである[15]。相互育成学習は、通常次の図2-1のように、「①母語先行学習⇒②日本語先行学習⇒③在籍級の授業」の三段階で進む。あらかじめ少人数で個別の学習支援の場をもち、母語を介した先行学習と日本語を介した先行学習をそれぞれ行う。つまり、二言語を介した「予習」を行ってから、在籍級の授業に臨むというステップである。

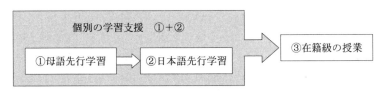

図2-1　相互育成学習の進め方

日本語と母語を介した教科学習を行うためには、当然ながら日本人支援者と母語話者支援者が必要である。図2-1の「①母語先行学習」では母語話者支援者が、「②日本語先行学習」では日本人支援者が主に学習を進める。つまり相互育成学習は、言語多数派と言語少数派の協働により実践されるものである。前項で母国や家庭に関わる知識や体験を基盤とする学習を行うとき、言語少数派の人々との協働が欠かせないことについて触れたが、相互育成学習はその条件を満たしている。

相互育成学習はなぜこのように言語多数派と言語少数派による協働体制を原則としているのだろうか。それは相互育成学習が背景としている理論に関係する。次項では相互育成学習の実践の背景にある理論、言語生態学に触れ、相互育成学習が教育における言語の多様性の実現をねらうものであることを確認する。

2.5.2　相互育成学習の背景理論：言語生態学

相互育成学習が背景とする理論は「言語生態学」（Haugen 1972, 岡崎

2009）である。生態学（Ecology）は自然科学の分野で生まれ、人間中心的かつ科学技術崇拝的見地への反省から、人間は他の生物との共生・共存なしに生存し得ないという見地に立つ。生態学が自然環境において種の多様性を尊重するように、言語生態学では、言語の局面から、この世界で使われている多様な言語の共存と共生を探求する。それに基づいて考えれば、教育で使われる言語も多様な言語が共存、共生されることを期すべきであろう。

　岡崎（2009）は、日本国内で言語少数派の人々に関して言語の共生と公平が実現されているだろうかと問いかける。そして、ある人のことばの力がどのように発揮されるかの社会的環境を言語生態環境として捉え、その言語生態環境がその人の生活の質に直結すると捉える（岡崎2009: 12）。そこには、自然環境において生物間の関係のあり方が問われるように、言語の観点から人を囲む環境と人の暮らしとの関係のあり方を問うという言語生態学の視座が反映している。確かに、普段意識されることは少ないが、政治・法律・経済・教育に始まり、娯楽や日々の買い物に至るまで、今日わたしたちの生活の全ては何らかのかたちで言語を介して進行する。言語なくしてアクセスできるものはないとさえ言えるのではないだろうか。まさに人を囲む「言語生態環境」の良し悪しは、人の生活の質に関わると言えよう。

　言語少数派の子どもにとって、人としてのあるべき言語生態環境とはどのようなものだろうか。岡崎は、母国の家庭や地域社会などからなる言語生態環境の中で発達させてきた母語を活かしながら、第二言語である日本語につながって持続し、連続的な言語生態環境の下で発達していくことであると述べる（岡崎2004: 121–122）。つまり、日本語のみではなく母語も使われる環境が、彼らの学習や生活の質を良好にするということである。確かに、そうした学習環境における具体的な実践方法である相互育成学習を行えば、来日当初から子どもは年齢相応にことばの力を発揮できる母語を使って、所属する学年の教科学習に取り組むことができる。日本語のみではなく、母語を使えるという学習環境が、彼らの学習の質を良好にするということがよく分かる。母語による学習を継続することで、母語を保持・育成することが可能となり、同時進行で日本語も伸長していく。つまり子どもにとっての言語の多様性が実現されるのである。

第2章　先行研究：ヴィゴツキー理論と言語少数派の子どもに対する実践研究の検討

このように相互育成学習は、言語の多様性を旨とする言語生態学の理念を言語少数派の子どもの教育方法として具体化させたものである。それゆえ、学習で媒介される言語も一つではなく、子どもの言語と文化の多様性に即応した複数の言語が使われ、そうした体制を支えるために言語的・文化的背景が異なる複数の支援者が参加するのである。

　言語生態学における生態学的な見地は、他の研究領域とどのような関係があるのだろうか。続いて、言語少数派の子どものための教育分野に比較的近い、他の領域との接点から、言語生態学の応用可能性について考えたい。

　言語生態学とヴィゴツキー理論には親和性がある。ヴァンリア（2009）は、ヴィゴツキーを起源とする社会文化理論と言語生態学との共通項を詳細に論考し、言語生態学は社会文化理論を継承するものであると位置付けている。そして「生態学的アプローチは現代の必要性と知見を踏まえてヴィゴツキーの考え方を拡張するものである」（ヴァンリア2009: 26）と述べる。ヴィゴツキーが子どもの発達を捉える文脈とは社会的・文化的・歴史的なものだが、それらの文脈はいずれも言語（あるいは記号）をもって人がつくり上げたとも考えられよう。言語生態学は世界各地で多言語・多文化化が進む現代社会の必要性を踏まえ、ヴィゴツキーの考え方を多様な言語の相互作用からなる言語の生態という新たな視座をもって捉え直すものと解釈できる。

　中村（2014）もブロンフェンブレンナー（1996）の「入れ子構造」になぞらえて理解すると、ヴィゴツキーが提起する子どもの発達の社会的状況（文化-歴史的発達理論）がより豊かな内容をもつだろうと述べている（中村2014: 25）。ブロンフェンブレンナーの「入れ子構造」とは、教育システムを生態学的に捉え3層からなる入れ子状で表したもので、関係性を仲立ちとする生態系の集合としてモデル化したものである。

　また、社会における言語の多様性を旨とする言語生態学の視座を、言語少数派の子どもに対する教育の問題に広げれば、バイリンガル（あるいはマルチリンガル）教育研究の理念に重なる部分がある。例えば、言語生態学の主要な論客の1人で、言語政策などに関して活発な論考を行っているHornbergerは2012年に"Educational Linguistics"と題するシリーズ[16]を上梓した（Hornberger 2012）。その第5巻のタイトルは文字通り"Language

Ecology"であり、そこにはHaugen（1973［2012］）の他、Phillipson & Skutnabb-Kangas（1996［2012］）、Baker（2003［2012］）、Cummins（2006［2012］）などのバイリンガル教育研究の論客が名を連ねている。バイリンガル教育、つまり子どもが複数の言語（家庭言語などと学校の授業言語）を介して学び成長することを目指す教育では、しばしば社会的な力が弱い言語（家庭言語）の方を手厚く援助しなければならないという現実に直面する。それゆえ言語生態学が尊重する言語の多様性と、バイリンガル教育が推進する社会的に弱い立場にある言語への援助は、必然的に近い立場となるのである。

　さらに生態学的見地は第二言語学習の分野でも注目されている。例えば、クラムシュ（2007）は「社会生態学的な視点」を踏まえた異文化リテラシー教育を提起し、言語学習において学習者自身の歴史的・文化的スキーマを認識させることの重要性に言及している。ここで言う「学習者自身の歴史的・文化的スキーマ」は、主に学習者の母語を介して蓄積したものであると考えられることから、「母国の家庭や地域社会などからなる言語生態環境の中で発達させてきた母語を活かしながら、第二言語である日本語につながって持続し、連続的な言語生態環境の下で発達していくこと」（岡崎2004: 121–122）につながる見方であると考えられる。本研究で「子どもとその家族に固有な歴史的・文化的背景」に着目することにも通じるだろう。クラムシュの意図は、学習者個人のそれまでの歴史的・文化的背景を度外視して別個に第二言語が積み上げられるという従来の第二言語習得の学習観、言わば母語と第二言語を対立的に捉える学習観からの脱却にあると思われる。

　また、このように個人がもつ複数のことばを対立的に捉えないクラムシュの「社会生態学的な視点」は、母語・第二言語・外国語の境界を越えた「生態的なことばの市民性形成」（尾辻2016）につながるものであろう。尾辻によれば、生態学的な市民性形成を促すためには、静的なモノリンガリズムに基づいた教育観から、動的な生態の一部としての個人の多様な言語資源が駆使される言語教育観、すなわち、<u>他者とともに協調的に生きる環境を構築できる主体を形成するための言語教育観への転換</u>（尾辻2016: 224、下線は筆者）が必要であるという。母語に第二言語が加算されるという従来の第二言語学習観からの脱却を促している点で、岡崎

第2章　先行研究：ヴィゴツキー理論と言語少数派の子どもに対する実践研究の検討

29

（2004）とクラムシュ（2007）に通じる。そして、尾辻の言う「市民性」とは「他者とともに協調的に生きる環境を構築できる主体」（上の下線部）である。この「環境を構築できる」ことは、具体的には「多言語環境を積極的に操ったり、自分にあった環境を構築したり環境と調和したりする能力」（尾辻2016: 210）であり、尾辻はこうした能力の育成が、グローバル社会における市民性形成に大切なものとなると指摘する。ここでは、ある言語の規範や正確な用法を学ぶといった従来の学習観ではなく、学習者自らが環境に働きかけ、環境と調和する中で、他者とともにことばを学んでいくという生態学的な学習観が見て取れる。

　このように言語生態学はヴィゴツキー理論と親和性があり、バイリンガル教育の理念とも重なる部分がある。第二言語習得研究の分野でも生態学的見地をもつ論考が現れていることから、他の言語教育の領域でも注目されており、応用され得る視座をもっていることが分かる。

　以上のように相互育成学習の背景理論を確認した。多様性と関係性を重視する言語生態学を理論的背景に、相互育成学習は、教育における言語の多様性と関係性を重視する実践を行う。次項以降では、相互育成学習が何をどのように明らかにしてきたのか、先行研究を検討し、残された課題を導く。

2.5.3　相互育成学習の先行研究が明らかにしてきたこと

　相互育成学習の実践研究はこれまで10年以上積み重ねられてきた。母語による教科学習が梃子となって日本語習得と日本語による教科学習を推し進めていくプロセスを分析した清田（2007）、朱（2007）に始まり、様々な観点から分析する研究に広がっている。

　まず、清田（2007）と朱（2007）では、教科学習をブリッジに、母語と日本語の両言語を介した認知発達がなされること、母語による学習が確保されたことによる子どもの情意面への貢献、母語や母文化への価値付けなどが明らかになった。清田と朱は、言語少数派の子どもに対する学習支援が多くの場合会話や文型、文字などの日本語学習に限られていた中で、新しい視点と実践方法を現場に提示した。それは、日本語のみによる学習では見えなかった「認知・情意・社会・文化能力と一体化した母語の力」（岡崎2010: 22）を起点とする、言語少数派の子どもの学習の可

能性を明らかにするものであった。その後も清田は、母語先行学習と日本語先行学習の先にある子どもの所属学級での学習に範囲を広げて、実践方法を探求し続けている（清田 2016）。

　一方、原（2006）は社会科授業における相互育成学習を実践し母語使用域を充実させていくことによって子どもの認知発達面における「言語移行の逆向」（Fishman 1991）が実現される可能性を示した。相互育成学習の実践では国語科の学習が多いが、原は子どもたちの言語的・文化的多様性を活かした社会科授業における実践的探求を継続している（原 2012）。

　学習環境としての相互育成学習に目を向けた研究も行われている。学習環境を作る人材として、佐藤真紀（2010）と高梨（2012）は国際教室[17]担当の学校教員を、小田（2010, 2011, 2012）は母語話者支援者として相互育成学習に参加した子どもの母親を、宇津木（2008, 2009, 2010）と清田・宇津木・高梨（2018）は母語話者支援者（留学生と地域在住の外国人）を、それぞれ分析対象とした。相互育成学習は、母語による学習の場が確保されているため、当然ながら、日本人のみではなく少数派の言語を使う支援者の参加に支えられている。日本人の子どもを前提として考案されている教科学習に、異なる言語的・文化的背景をもつ支援者が参加するというのは、ときに困難が伴う。これらの研究では、支援者間で生まれた協働と、各自が実践に参加していく過程で主体性を見出していくことが、そうした困難を乗り越えていくと示唆されている。

　また、当事者である言語少数派の子どもに目を向けたものもある。穆（2010, 2015）は、対象の子どもが相互育成学習を受けることによって母語が価値付けられたのを機に、言語を介して環境との関わりをどのように拡張したのかを分析した。また、佐藤（2012）は対象の子どもの言語観・学習観を探り、相互育成学習への参加を通して、子どもは自身がもつ二つの言語（母語と日本語）が学校の授業に参加するために十分機能していると認識していることを明らかにした。

　さらに、滑川（2010）は言語少数派の子どもの多様な文化的・歴史的背景に着目し、母語先行学習の中で、子どもの生活体験や親子のつながりが教科学習の理解に結び付くという実践を分析した。この滑川（2010）をはじめ、相互育成学習の先行研究では会話データなどに子どもたちの多様な文化的・歴史的背景が現れているものが多数見られる。そこで、

第 2 章　先行研究：ヴィゴツキー理論と言語少数派の子どもに対する実践研究の検討

残された課題を導き出すため、相互育成学習でこれまで子どもの文化的・歴史的多様性や生活を通じて得られた知識や体験などがどのように位置付けられてきたのかを検討する。

2.5.4 相互育成学習における子どもに固有の歴史的・文化的背景の位置付け

2.2節から2.4節までにおいて、本研究に関わる国内外の言語少数派の子どもたちを対象とする先行研究や実践などを概観した。そこから、いわゆる母文化として大きく括られるもの（民族文化や習慣、母国の地理や社会、歴史、文芸に関わる知識や体験など）が活かされたものと、子どもにとってより身近な、その子どもや家族に固有の文化的・歴史的背景（住んでいるコミュニティや家族あるいはルーツ、自分自身の移住の体験などに関わることがら）が活かされたものがあることが分かった。

前者の、母文化を活かす試みは相互育成学習の先行研究でも多く行われている。例えば、国語で短歌を学習するときに中国の漢詩の知識と結び付ける（朱2007: 139, 宇津木2009: 25）、母国にも存在する砂漠を思い出させる（朱2007: 58）、母国のお正月と日本のお正月を対比させて新聞を作る（滑川2010: 143）などである。

後者の、より身近な生活体験・知識を活かした研究も少数ではあるが、見られる。例えば、朱（2007: 151）では、煌々とネオンが輝く都会の夜の対極にある「闇」の価値を考えるという教材文の主題をめぐり、子どもが母語話者支援者とやり取りする中で、故郷の村で夜に見た不思議な光を思い出し「闇」がもつ抽象的な意味を見出していった。抽象概念（闇）と故郷での生活体験が統合された例だと解釈できる。また、滑川（2010: 138）も、子どもの母親が母語話者支援者となり、日本人支援者とともに子どもに働きかけ、親の仕事に関わる知識や習慣を教材文の理解に結び付けている。滑川（2010）は親の参加と家業への着目という点で「知識の資産」（Gonzáles & Moll 2005, Moll 2014）の実践に通じる。また、親子の愛情を感じることをねらった山中（2009）の実践にも通じる、言語少数派の家庭で育まれる生活体験や知識が活かされた例と言えよう。

このように、朱（2007）や滑川（2010）では、子どもや家族に固有な文化的・歴史的背景に関わる生活体験なども着目されているが、それらは

母文化の一部をなすものとして位置付けられ、焦点化されたことはなかった。これは、着眼点の三つ目に関わることである。そこで次項において、この「子どもに固有の生活体験などの位置付け」に関する点を中心に、相互育成学習の先行研究を検討した上で、残された課題を導き出す。

2.5.5　相互育成学習の残された課題

　ここまで、相互育成学習の先行研究を概観してきた。相互育成学習は上でも述べたように言語の多数派と少数派の協働により実践されるもので、着眼点の四つ目（言語少数派の人々との協力）を実現するものである。

　そして筆者は、前項で検討した母文化および子どもや家族に固有な文化的・歴史的背景の位置付けに関する点、および、その他の分析視点に関する二つの点から、相互育成学習の先行研究の残された課題として、次の三点があると考えている。第一は、「身をもって理解すること」とはどのようなものかを探るために、子どもの親の力を借りて、子どもや家族に固有の文化的・歴史的背景を焦点化することの必要性である。第二と第三は、相互育成学習の先行研究に欠けていると思われる分析視点に関するものである。第二に、母語を介してのみではなく、日本語も介して子どもたちが学び成長するという特性を明らかにすることの必要性、第三に、作文などの書く過程における口頭のやり取りを分析することの必要性である。

　まず、第一の点について、これまで相互育成学習の先行研究でも、いわゆる母文化（民族文化や習慣、母国の地理や社会、歴史、文芸）に関わる知識や体験が多く活用されてきた。しかし、こうした「○○国」あるいは「○○文化にルーツをもつ人」としての一般的な文化や歴史は、南浦（2013）（2.4.3項参照）で明らかになったように、必ずしも子どもにとって身近な、実感のある文化や歴史とは言えないこともあり得る。相互育成学習のように母語を介して母語話者支援者の援けを得て行う教科学習で母文化が活かされたとしても、子どもにとって実感のもてない文化や歴史であったなら、本研究の問題意識である「身をもって理解すること」にはつながりにくいと思われる。「身をもって理解すること」とはどのようなものかを探るためには、その子どもや家族が直接関わる文化や歴史に着目することが一つの方法となろう。しかし、子ども自身が言わば「自分自

第2章　先行研究：ヴィゴツキー理論と言語少数派の子どもに対する実践研究の検討

33

身の文化や歴史」を見出して学習に活かすことは難しいと考えられる。子どもの「文化的・歴史的背景」を熟知している大人の援けが必要であると思われる。そうした援けを得られる大人として最も期待されるのは、子どもの親などの家族であろう。

　相互育成学習の実践には、子どもの家族（母親）が母語話者支援者として教科学習に参加した学習支援が二つある。小田（2010, 2011, 2012）と滑川（2010）である。この二つの実践では、母親は母国の一般的な文化や社会、歴史に関する知識など（いわゆる母文化）を活かして子どもに働きかけるやり取りも見られる。他方、母親ならではの働きかけ、例えば、子どもの進路について親として子どものアイデンティティーに働きかける発言をする（小田2012: 138）、教材文の内容と親が仕事を通じて得た知識や信条を結び付ける（滑川2010: 140）というやり取りも見られる。しかし、後者の、子どもや家族に固有な文化的・歴史的背景に関わる生活体験や知識などを焦点化し、その意義を考察するには至らなかった。本研究は、子どもの文化的・歴史的背景を最もよく知っている人材、言わば生活文脈と学校文脈との隔たりを縮めることに最も貢献し得る人材として、母親が参加する実践であるからこそ、その点を焦点化して分析する必要があると思われる。

　そこで、相互育成学習の先行研究の残された課題の一点目として、本研究でも母語話者支援者として子どもの母親が学習に参加することから、母親の参加を最大限に活かし、子どもや家族に固有な文化的・歴史的背景に関わる生活体験や知識などを焦点化することの必要性を挙げる。これは着眼点の三つ目に関わる。

　第二の点について、相互育成学習の先行研究では、教科学習において母語を介した学習が土台となり日本語を介した学習を促進するといった、「母語➡日本語」という方向性が強調されてきた傾向がある（清田2007, 2016; 朱2007など）。母語から日本語へという方向性のみでは、言語少数派の子どもが本来備えている、母語と日本語の両言語を介して学び成長していくという特性を十分に明らかにしていないのではないかと考える。序論で述べたように、言語少数派の子どもは、来日前母国で生活し、来日後も多くの場合母語を話す家族と生活している。一方で、来日後は日本語を介して学校や地域社会で様々な体験を積んでおり、教科学

習の中で日本語を介して概念を発達させていると考えられる。来日から時間が経つにつれて、母語を介した学習を前提としない日本語を介した学習も増えていくと推察される。母語を介して体験したことや母語を介して行われる学習の重要性に加え、日本語を介した様々な体験や、日本語を介して子どもたちが何をどのように学ぶことができるのかも明らかにしなければ、母語と日本語の両言語を介して学び、成長していくという彼らの特性を十分に明らかにできないと思われる。

　このように相互育成学習の先行研究の残された課題の二点目として「母語のみではなく日本語も介して」という分析の視点の必要性が挙げられる。具体的には、本研究で取り組む課題として、母国や家庭で母語を介して生まれた体験と日本に来てから学校などで日本語を介して生まれた体験の両面を分析すること、また、体験を基盤とする学習を分析するに当たって、母語のみではなく日本語を介した学習も分析対象とすることに取り組む。

　第三の点について、相互育成学習の先行研究で「書くこと」を分析したものとして、清田（2007）のワークシートの解答から「書く力」を分析したものが挙げられる。これは複数の国語教材文の学習で使ったワークシートに子どもが日本語で書いた解答を文の長さや複雑さの観点から分析したものである。これは、プロダクトとして得られたワークシートの解答を分析するものであり、書き始めから終わりまで子どもが独力で書いたのか、支援者は書く過程にどのように関与したのかは明らかになっていない。実際には、子どもは最初出題の意図を読み取れなかったが、支援者の援けによってそれを克服したといったような過程を経て、最終的な解答としてまとまっていくと想像される。しかし、結果のみを分析するのでは、実際の書く活動のプロセスにどのように働きかけたらよいのかといった具体的なヒントは得にくいであろう。書く学習のプロセスで、他者とどのように協力しながら、概念がどのように発達していくのかの詳細を明らかにする必要があると思われる。

　こうしたことから、相互育成学習の先行研究の残された課題の三点目として「書く過程における口頭のやり取り」を詳しく分析するという視点の必要性が挙げられる。具体的には、本研究で取り組む課題として、体験を基盤とする学習において作文を書く過程から得られた子どもと支

第2章　先行研究：ヴィゴツキー理論と言語少数派の子どもに対する実践研究の検討

35

援者とのやり取りを、ヴィゴツキーの「発達の最近接領域」の視点から分析することを挙げる。この点は、着眼点の一つ目（書く活動の過程の可視化）と二つ目（書くことの過程で生まれる発達の最近接領域におけるやり取りへの着目）に関わる。

　以上のように、先行研究から得られた着眼点と照らし合わせながら、相互育成学習の残された課題を導き出した。

注　[1]　ヴィゴツキー理論における「概念」とは「ことばの意味」を指すが、これについては、2.1.4項「ヴィゴツキー理論における概念の発達」で述べる。

[2]　BICS と CALP の訳語は中島（2010: 33）に倣った。

[3]　なぜ「BICS ／ CALP」の二区分から4象限へ、さらに三つの側面から捉えるようになったかについては、中島（2010: 210–212）がその背景などを解説している。

[4]　ヴィゴツキー（2001）では「共同」と表記されている。「協同的学習」（佐藤1996）など「協同」という漢字表記の文献もあるが、本研究ではヴィゴツキー関連の文献に準じて教室談話における参加者間の協力を「共同」とする。また、学習支援の運営に関する参加者間の協力については「協働」と表記する。

[5]　なぜ国語科の学習支援を分析対象とするのかに関しては、第4章で述べる。

[6]　"Radical-Local Teaching and Learning" を筆者が「コミュニティに根差した授業」と訳した。なお、平田（2006）では、「根本的―地域的な教授＝学習」と訳している。

[7]　中島（2010: 223–226）によると、ブリティッシュコロンビア大学とトロント大学との共同プロジェクト From literacy to multiliteracies: Designing learning environments for knowledge generation within the new economy を指し、Cummins もこのプロジェクトに加わっていたという。

[8]　滑川（2014）は生活体験に着目した研究ではないため、本研究では取り上げない。

[9]　http://www.mext.go.jp/a_menu/shotou/clarinet/003/001/008.html（2019年1月21日アクセス）。JSLカリキュラムの基本構想などについては第1章序論の注［2］で触れた。

[10]　JSLカリキュラムは、大きく分けて、所属する学年の教科学習に即

	応した内容を学習する「教科志向型授業」と学年の教科学習に拘らず何らかの「トピック」を設定して独自に学習内容を作る「トピック型授業」に分けられる。
[11]	http://www.mext.go.jp/a_menu/shotou/clarinet/003/001/008/005/001.html（2019年1月21日アクセス）
[12]	「李白の詩、日中で表記違うぞ　中国出身中学生が謎解き」（東京新聞2009年1月26日夕刊）
[13]	住んでいる町の様々な商店の規模や特徴を調べ、それぞれの規模や特徴がどのように活かされているかなどを考える授業。
[14]	「教科・日本語・母語相互育成学習モデル」は1999年から、お茶の水女子大学の大学院生らを中心に結成されたLAMP（Language Acquisition Maintenance Project：後にNPO法人となる）による言語少数派の子どものための支援教室において実践された（畠山・清田・佐藤・高橋・原2000）。LAMPでの実践に先立ち、岡崎（1997）を使って岡崎本人による講習会が行われた。LAMPでは、教科学習をブリッジに、母語、日本語の三つの育成を目指すという点に着目し「教科・母語・日本語相互育成学習モデル」と呼ばれるようになった（畠山他2000）。 　なお、第4章で後述するが、本研究のフィールドはLAMPではなく、筆者が日本語指導協力者として実践するフィールドである。筆者はLAMPの相互育成学習の方法論を学び、筆者自身のフィールドに応用したというかたちになる。
[15]	後述する第5章（研究1）および第6章（研究2）の会話データでは、自然の成り行きで母語と日本語の間で切り替えが見られるが、それは媒介語としての言語使用とは異なる。「母語専一」の意味は、教科を日本語で学習するために母語で説明する、つまり媒介語として母語を使うのではなく、母語を介して教科学習を行うということである。
[16]	過去に出版された論文を集めた論文集シリーズ。
[17]	言語少数派の子どもに対し日本語支援や教科学習支援を行う学校内に設置された教室。国際教室については第4章で解説する。

第2章　先行研究：ヴィゴツキー理論と言語少数派の子どもに対する実践研究の検討

第3章 研究目的、研究課題、研究方法

第3章では研究目的と研究課題、研究方法を述べる。まず、第2章までの議論を踏まえ、3.1節で用語の定義と分析の視点を確認し、3.2節で研究目的を確認し研究課題を設定する。そして、3.3節で調査方法および分析方法を述べる。

3.1 用語の定義と分析の視点

ここでは、第2章での議論を踏まえ、本研究でキーワードとなる用語の定義を整理・再確認し、本研究の分析の視点を述べる。

まず、用語の定義の整理と確認を行いたい。「概念」および「概念発達」、「生活的概念／科学的概念」の順で述べる。

2.1.4項で述べたように、ヴィゴツキー理論における「概念」は「ことばの意味」を指し、ヴィゴツキーは、「概念（ことばの意味）は発達する」ことを前提としている（ヴィゴツキー 2001: 226）。本研究では、このようなヴィゴツキーの「概念（ことばの意味）は発達する」という見解に基づき、「概念が変化したり広がったりする様相」を「概念発達」と定義する。

次に「生活的概念」と「科学的概念」の定義である。本研究の研究目的および分析対象に即して、ヴィゴツキーの用語を応用したいと考える。

本研究では、生活を通じて得られた知識や体験などに着目するが、それらの知識や体験には、ことばで表現されるものの他に、行為あるいは知恵や信条のようなもの、またそうしたものに伴う感情なども含まれる。生活的概念とするとことばのみを連想させやすいため、これ以降は「生活体験」という語を主に用いることにする。ただしヴィゴツキー理論を論じている部分では「生活的概念」を用いる。

なお、ヴィゴツキーが生活的概念を概念発達の基盤と捉えていることを踏まえ、本研究においても生活体験を概念発達の基盤に据える。

　また、「科学的概念」というヴィゴツキーの用語は、ともすると理数系科目の現象や法則などを連想しやすい。本研究で国語の学習を分析することを踏まえると、「芸術的主題」(山根2011: 243)という捉え方も参考にできる。そこで、本研究では科学的概念を「教科学習に関わる広義の抽象概念」と定義し、これ以降は単に「抽象概念」という語を主に用いることにする。ただし上の生活的概念と同様に、ヴィゴツキー理論を論じている部分では「科学的概念」を用いる。

　このように用語の定義を整理・確認した上で、本研究の分析の視点を述べる。

　本研究では、「生活体験」と「抽象概念」が統合される中で生まれる「概念発達（概念が変化する、あるいは広がっていくプロセス）」の様相を可視化する。これは、2.1.2項と2.1.4項で述べた、「概念（ことばの意味）は発達する」および「子どもは学校教育の教授を受ける中で生活的概念と科学的概念とを統合させることによって概念を発達させていく」というヴィゴツキーの知見を参照したものである。

　同様に、2.1.3項で述べたように、ヴィゴツキーの知見を参照し、概念発達を促すものとして「発達の最近接領域におけることばのやり取り」、具体的には大人がどのように働きかけ、子どもがどのように応答しているのかを注視する。

　以上を踏まえ、本研究の分析の視点を「概念発達の様相（生活体験と抽象概念が統合される中で生まれる、概念が変化する、あるいは広がっていくプロセス）を、発達の最近接領域におけることばのやり取りを注視しながら分析する」というように設定する。

3.2 ｜ 研究目的と研究課題

　ここで、序論で述べた研究目的を確認する。

〈研究目的〉
　言語少数派の子どもの生活体験を基盤とする母語と日本語を介した

教科学習において、概念がどのように発達するのか、そして、そうした概念発達を促すためにはどのような支援がなされるべきかを明らかにし、得られた知見と示唆を教育現場に提供することを目的とする。

　上の研究目的には、序論で述べた、実践者としての筆者の問題意識、すなわち「分からないままの状態」、あるいは「表面的理解」や「丸暗記による理解」ではない理解、すなわち「身をもって理解すること」（中村2010: 157）とはどのようなものかを探求し、教育現場に示唆を提供したいという意図が込められている。

　第2章における相互育成学習の先行研究の検討の結果、以下のように三つの残された課題が導かれた。

　第一の課題は、母親の参加を最大限に活かし、子どもや家族に固有な文化的・歴史的背景に関わる生活体験や知識などを焦点化することの必要性である。

　第二の課題は、母国や家庭で母語を介して生まれた体験と日本に来てから学校などで日本語を介して生まれた体験の両面を分析すること、また、体験を基盤とする学習を分析するに当たって、母語のみではなく日本語を介した学習も分析対象とすることの必要性である。

　第三の課題は、体験を基盤とする学習において作文を書く過程から得られた子どもと支援者とのやり取りを、発達の最近接領域の観点から分析することの必要性である。

　そして、上の残された課題と研究目的を照らし合わせ、以下のように、三つの研究（研究1：第5章、研究2：第6章、研究3：第7章）のそれぞれに研究課題（Research Questions）を設定した。

〈研究1〉
RQ1-1：家庭での体験（家族の仕事に関わる生活体験）を基盤とする学習の中で、どのような概念発達が見られるか
RQ1-2：日本での生活体験を基盤とする学習の中で、どのような概念発達が見られるか

第3章　研究目的、研究課題、研究方法

〈研究2〉

RQ2：母国（故郷）での体験を基盤とする学習（作文を書く過程）の中で、どのような概念発達が見られるか

〈研究3〉

RQ3：家庭での体験（親子に共通する生活体験）を基盤とする学習の中で、どのような概念発達が見られるか

　残された三つの課題がどのように研究課題に組み込まれているのかを述べる。

　第一の課題（子どもや家族に固有な文化的・歴史的背景に関わる生活体験）は、研究1から研究3の全てに対応している。

　第二の課題（母語を介して生まれた体験と日本語を介して生まれた体験の両面、母語を介した学習と日本語を介した学習の両面）に関しては、まず、体験が母国や家庭で生まれたものか、あるいは日本での生活で生まれたものかの点で、母語を介して母国（故郷）や家庭で生まれた体験が研究1のRQ1-1（家庭での体験）、研究2のRQ2（故郷での体験）、研究3のRQ3（家庭での体験）、日本語を介して日本で生まれた体験が研究1のRQ1-2（日本での体験）である。また、媒介言語は、母語を介した学習（相互育成学習の母語先行学習）が研究1のRQ1-1（家庭での体験）と研究3のRQ3（家庭での体験）、日本語を介した学習（相互育成学習の日本語先行学習）が研究1のRQ1-2（日本での体験）と研究2のRQ2（母国での体験を題材とする日本語の作文）である。特に研究1のRQ1-1とRQ1-2は、一つの教材文の学習の中で、母語先行学習で母語を介して生まれた家庭での体験を、日本語先行学習で日本語を介して生まれた日本の学校での体験をというように、体験が生まれた言語と媒介言語を対応させた学習を連動させたデザインになっている。

　第三の課題（体験を題材とする日本語の作文を書く過程における口頭のやり取りを分析する）は、研究2のRQ2に対応している[1]。

3.3 調査方法と分析方法

　本研究では、日常的な学習支援の文脈から得られた支援授業の録画を

文字化した会話データ、作文データ、毎回の実践を記した支援記録、学習支援で使った様々な教材文やワークシートなどを分析データとする。対象の2人の子どもに対しては、それぞれ約4年間の学習支援を行ったため、手元にあるデータの量は非常に多い。その中から、研究目的と研究課題を明らかにするために最も適切と判断されたデータを選び、分析する。

　会話データの質的分析を主とするが、教室談話の質的分析という手法は、参加者の考えの変化や相互行為のプロセスなど、学習で生まれる多くの事象を明らかにすることができると考える。教室談話の質的分析の先行研究として、小学校における教師と子どもたちのやり取りを分析し子どもたちが教室談話のルールに適応していく過程を明らかにした磯村（2007）がある。磯村は、やり取りを詳細に記述し考察するという手法は、学習の面白さを最もストレートに表現でき、参加者間の複雑な相互作用や、ダイナミックな変化の過程の中に、教室における「学ぶ」ということの意味や価値観を伝えることができると述べる（磯村2007: 180）。

　やり取りをどのように切り取るかについては、発話の連なり（連鎖・シークエンス）として分析する。それは、「言語が言語単体ではなく社会的に存在するという考え方に基づき、話者や発話を取り巻く社会状況や文脈と切り離さない」（野々口2015: 308）という前提に立つからである。

　データを分析する際には、何をどのように見るのか、つまり視点やキー概念などを明示した上で質的に分析していく。枠組みや視点、キー概念の明示による会話データの質的分析は、小学校の国語の授業を対象に文学教材の読解過程を分析した佐藤（1996）や、相互育成学習の先行研究（原2006, 清田2007, 朱2007, 滑川2010など）でとられている方法である。

　このように実践で得られた個々のデータを枠組みや概念を用いて質的に分析することにはどのような意義があるのだろうか。この点について、小川（2015: 9）は、事例は固有の特徴をもつ一度きりのものであるが、事例の中で生じる諸現象を設定した分析枠組みや概念を用いて解釈して示せるのであれば、他の事例も同様の方法で説明し、実践の多様性を示しつつ、より一般的な問題の解決へのヒントを得られるのではないかと指摘している。

　データの文字化および中国語から日本語への翻訳は支援者が行った

が、中国語の文字化と翻訳に際して中国語母語話者2名の協力を得た。

　分析に際しては分析協力者（日本語母語話者3名、中国語母語話者1名）に依頼し、詳細な記述がなされているか、客観的な分析がなされているのかを厳密に検討してもらった。具体的には、読者に対し対象者やフィールド、学習の内容や進め方に関して十分な情報提供がなされているかどうか、また、データの記述が分かりやすいかどうか、分析と考察が読者の納得を得られる妥当なものであるかどうかについて、検討してもらった。

注　[1]　なお、研究3の分析データにも作文が含まれるが、これは親子の作文の往還に会話に類するやり取りが生まれていると看做して分析するもので、研究2のRQ2における「作文を書く過程における支援者とのやり取り」とは趣旨が異なる。

第4章 研究フィールドと実践の概要

第4章では研究フィールドと実践の概要を詳しく述べる。まず4.1節では本研究のフィールドがどのような支援体制で行われたのかについて述べる。続いて、4.2節では、対象者（2人の子どもとその母親、支援者）のプロフィールを述べる。4.3節では「フィールドにおける支援者の立ち位置」として、どのようにフィールドに入り研究活動への協力や了解を得たのかを述べる。4.4節では相互育成学習に基づく学習支援の概要と分析対象とするデータが実践のどの部分から得られたのかを説明する。最後に4.5節で文字化の凡例を示す。

4.1 研究フィールドの支援体制

本研究のフィールドを簡単に説明すると、自治体の教育委員会が個別に派遣する非常勤講師（職名は日本語指導協力者）が関東地方にある公立小学校2校において実践した日本語指導ということになる。なぜ「個別に派遣する」のかというと、いわゆる「外国人集住地域」ではなく、日本語指導が必要な子どもたちの人数が少ない地域だからである。実際、本研究の対象者の子ども2人に対しては学校でずっと一対一の個別の日本語指導を行っていた。

言語少数派の子どもに対する施策は各自治体が独自に行うもので、国が統一的基準を設定して行うものではないため、各地で実際にどのような支援体制がとられているのかなどが把握できる公的な資料は管見の限り見当たらない。そこで筆者がいくつかの資料[1]を参考に外国人集住地域と非集住地域を比較させるかたちでフィールドの特徴を説明したい（表4-1）。

表4-1　日本語指導が必要な児童生徒に対する支援体制：
　　　　外国人集住地域の学校と非集住地域の学校の比較

	外国人集住地域の学校	非集住地域の学校
人数	日本語指導が必要な児童生徒が5人（10人）以上	5人未満
教室形態	国際教室あるいは日本語教室での指導	空き教室での個別指導
人員	国際教室担当教員 クラス担任 管理職教員（教頭、副校長、学年主任など） 教育委員会担当者 日本語指導員 母語指導員	クラス担任 管理職教員 教育委員会担当者 日本語指導員 母語指導員

　表4-1では、日本語指導が必要な児童生徒が5人以上で「国際教室」[2]
などの言わば拠点となる教室が設置される地域にある学校を「外国人集
住地域の学校」、人数が少なくこうした拠点が設置されない地域の学校
を「非集住地域の学校」とした[3]。

　外国人集住地域の学校と非集住地域の学校とでは、当然ながら施設面
でも人材面でも施策に違いが見られる。まず教室形態について、上でも
述べたように外国人集住地域の学校では国際教室が設置され、各学年に
属する児童生徒がそこで指導を受ける。その他に集住地域の学校では、
他校からの通級生徒も受け入れて日本語指導を行う「日本語教室」が設
置されることもある。それに対し非集住地域の学校ではこうした固定化
された拠点となる教室はなく、一般的に空き教室などを利用して指導が
行われる。

　表4-1にあるように、日本語指導が必要な児童生徒への対応には多く
の人員が関わる。子どもたちに直接関わるのは、まず所属するクラスの
担任教員であるが、その次に子どもに関わる教員として国際教室担当の
教員が挙げられる。国際教室には専任の教員が加配されるが、非集住地

46

域ではこれに該当する教員はいない。国際教室担当の教員は、クラス担任や他の教員たちと連携しつつ、児童生徒たちのニーズに合わせ、学校外部から派遣される非常勤講師（あるいは有償ボランティア）の日本語指導員や母語指導員などを手配して支援体制をコーディネートする。統括的な立場として教育委員会の担当者、管理職教員（教頭あるいは副校長、学年主任など）もそれぞれの役割を担う。

　一方、子どもの人数が少ない非集住地域の学校では（表4-1の右半分）、教育委員会の担当者、管理職教員、クラス担任などが関わることは同じであるが、拠点となる教室がなく専任の加配教員もいない。そのため、教育委員会の担当者、管理職教員、クラス担任などが協力して支援体制を整える。具体的には、他校にある日本語教室へ通級する手配を整える、あるいは日本語指導員や母語指導員の派遣を手配して、空き教室などで個別の日本語指導を行うなどである。

　このように子どもの人数が多く拠点となる教室がある学校とそれがない学校とでは対応に違いが見られる。国際教室が設置されるかどうかの基準を「5人以上」としている自治体が多いが、文部科学省の統計[4]によると、それに満たない「5人未満」の学校は全体の約75％以上にのぼる。つまり、国際教室が設置されない、外国人集住地域ではない地域にある学校の方が圧倒的に多いのである。

　本研究のフィールドも国際教室が設置されない地域にある。市内全域で日本語指導が必要な児童生徒（小学生と中学生）は毎年10名から15名程度、国際教室あるいは日本語教室が設置されている学校は1校もなく、専任教員も存在しない。非常勤の日本語講師（職名は日本語指導協力者。筆者もその一人）が個別に学校に派遣され、多くの場合1校で1人の子どもを担当する。1年に計30週、週に2日か1日、1日2コマ[5]の日本語指導が原則である。日本語指導協力者は子どもの母語が使えることが望ましいとされるが、小さな町ゆえ、英語、中国語、ポルトガル語、スペイン語の他は人材を探すのが難しい。そのため、例えば筆者も過去には東南アジア言語を母語とする子どもを担当し、日本語のみで指導したことがある。つまり、日本語を使う支援者は必ず派遣されるが、母語を使う支援者が派遣されるとは限らないということである。

　他の自治体の対応と異なる、当該市の対応の特徴として、日本語指導

第4章　研究フィールドと実践の概要

47

協力者の派遣期間が統一されていないことが挙げられる。転居などの事情が生じるか、本人と保護者、教育委員会、学校側、日本語指導協力者のいずれかが、もう日本語指導の必要はないと判断しない限り、次年度も継続される（コマ数は再検討される）。筆者の場合最長期間は特に困難を抱えていた子どもを担当したときで、小学校1年の入学から中学校1年で帰国するまでの約7年間であった。本研究において継続的な実践をフィールドとし得たのは、当該市では派遣期間の統一規定がなく、他の自治体と比較して長期間支援が行えたからである。

　なお、当該市で筆者の他に相互育成学習を実践している日本語指導協力者はいない。年に1回3月頃に行われる「指導協力者連絡会」に出席した際、他の日本語指導協力者の実践の様子を聞いたところ、主に日本語学習を指導するということであった。

　以上のように、外国人集住地域の対応と比較しながら本研究のフィールドの支援体制と特徴を述べた。特に非集住地域では人員面、施設面で十分な対応が難しい状況が続いているが、国、つまり文部科学省による施策も少しずつは進んできている。主な転換としては、2014年4月から「特別の教育課程」による日本語指導が行われるようになったことが挙げられる[6]。これは、当該児童生徒の在籍学級以外の教室で行われる日本語指導について特別の教育課程を編成・実施することができるというものである。それぞれの現場の判断に任されていた日本語指導を国の教育課程の一部として行うことができるとした点で、これまでにない転換であると言える。国際教室などの拠点が設置されている学校であれば、常勤の担当教員が特別の教育課程として日本語指導や教科指導を実施することになる。しかし常勤の担当教員がおらず非常勤講師や有償ボランティアに支えられている学校では、実際のところ特別の教育課程として実施するのは難しい状況である。

　こうした教員配置について、2017年4月文科省は従来の国際教室の設置に伴う加配教員に加えて、外国人児童生徒数の人数に応じた教員数を基礎定数化する施策を開始した[7]。また2017年3月には、新学習指導要領に「日本語指導」が新たに盛り込まれた[8]。このように国の施策は少しずつではあるが進んでいる[9]。

　2019年4月1日から施行される「改正出入国管理法」は、日系人の入

国を劇的に増加させた1990年の改正以来の大きな法改正となる。国全
体でより一層多言語・多文化化が進むことも考えられる。今後も、子ど
もたち本人や保護者、現場の教員や支援者、そして研究者の声を汲み上
げながら、国が責任をもって、子どもの人数にかかわらず全国の全ての
自治体で子どものニーズを満たすため、施設面、人員面の支援体制を築
いていくべきである。

4.2 対象者

　本研究の対象者について述べる。母語話者支援者として学習支援に参
加するそれぞれの母親も分析対象となるため、子どもと母親のプロフィ
ールを記す。表4-2は、二組の親子のプロフィールの概要である。
　まず、S（女児）とその母について述べる。Sは父親の仕事（中華料理の調
理師）の都合で来日した。父母とも中国人の外国人家庭である。まず父
母が来日し、約半年後の2006年8月にSも小学校2年生を終えた時点で
来日（8歳4か月）、夏休み明けに公立小学校の2年生に編入した。一人っ
子である。来日から約1年半後の2008年2月父親の仕事の都合で同じ県
内の別の市に転居、転校した。2011年4月中学校に入学した直後に帰国
した。滞在期間は約4年半であり、ほぼ全期間相互育成学習に基づく学
習支援を受けていた。1年に1回程度一時帰国していた。性格は真面目で
努力家である。スポーツはあまり得意ではない。
　Sの母は中国で専門学校を卒業後飲食店店員として働いていた。夫の
仕事の都合で来日、地域の日本語教室で日本語を学習し、生活に慣れる
とパートの仕事を始めた。日本語で簡単な口頭のやり取りができるが、
読み書きは難しい。家庭内言語は中国語である。データ採取時の年齢は
30代半ばであった。性格は明るく真面目で、教育熱心である。特に趣味
はなく、戸外での活動やスポーツにあまり興味がないことは、Sにも影
響していると思われる。
　続いてY（女児）とその母について述べる。父方の祖母が残留孤児で、
中国帰国者の家庭である。Yは日本で出生後、幼児期は中国と日本を行
き来していた。小学校入学の約半年前から中国の母方の祖父母に預けら
れ小学校2年生まで終えた。2010年8月（8歳6か月）以後は日本に定住、

第4章　研究フィールドと実践の概要

49

表4-2　対象の子どもと母親のプロフィール

	S	Sの母	Y	Yの母
出身国	中国	中国	日本	中国
母語	中国語	中国語	中国語	中国語
家庭内言語	中国語	中国語	中国語	中国語
性別	女児	—	女児	—
きょうだい	一人っ子	—	一人っ子	—
来日時期	2006年8月	2006年2月	2010年8月	2000年
来日時年齢	8歳4か月	—	8歳6か月	—
母国での終了学年	小学校2年	—	小学校2年	—
来日後の編入学年	小学校2年	—	小学校3年	—
来日理由	父親（夫）の仕事の都合		中国帰国者家庭	
帰国時期	2011年4月	—	日本在住	—
日本語学習や就学の状況	来日前に日本語学習の経験なし。	来日前に日本語学習の経験なし、来日後地域の日本語教室で学習、日本語で口頭の簡単なやり取りができるが読み書きは難しい。	日本生まれ、幼児期は日本と中国を行き来、5歳から中国の祖父母に預けられ中国で就学。	夜間中学で日本語を学習、日本語の会話は流暢だが読み書きには困難がある。
学歴と仕事	—	中国で専門学校卒業後飲食店で接客をしていた。来日後は生活に慣れると工場でパートの仕事をしていた。2008年2月以降は夫とともに中華料理店を運営していた。	—	中国で中学卒業後衣料品店の販売員などをしていた。来日後は工場や店などでパートの仕事をしていた。
性格など	真面目で努力家。スポーツは少し苦手。	明るく真面目で教育熱心。	活発で友だちが多い。生き物や自然が好き。	物静かで温和。Yの教育を重視しているが厳しいということはない。

夏休み明けに公立小学校の3年生に編入し[10]、2014年4月中学生となった。一人っ子であるが、2012年2月、近くに従姉妹（Yより一学年上と一学年下、父親同士が兄弟）一家が住むようになった。2014年7月まで約4年間相互育成学習に基づく学習支援を受けた。1年に1、2回里帰りしている。あまり勉強熱心ではないが、性格は活発で友だちが多い。日本語がまだほとんど話せない編入直後から友だちの家に遊びに行っていた。戸外での活動や自然体験などが好きで、生き物にも興味がある。

　Yの母は中国人で、中学卒業後衣料品店の販売員などをしていた。結婚を機に来日、夜間中学で日本語を学習した後、パートの仕事をしてきた。日本語の会話は流暢であるが、読み書きには困難がある。家庭内言語は中国語である。データ採取時の年齢は40代前半であった。性格は物静かで温和である。Yの教育を重視しているが厳しいということはない。ベランダで植物を育てるのが趣味で、Yが自然や生き物を好むことに影響していると思われる。

　対象となる2人の子どもの共通点は、いずれも中国語を母語とし（家庭内言語も中国語）、母国中国で小学校2年生まで就学した後に日本に来て同じ自治体の小学校に編入、筆者が日本語指導協力者を担当し、どちらも母親が母語話者支援者として相互育成学習に参加し、比較的長い間（いずれも約4年）継続したということである。異なる点としては、Yは幼児期に日本と中国を行き来し、小学校の最初の2年間は中国で過ごし、その後日本に定住となったが、Sの方は、夏休みなどに短期間一時帰国することはあったが、両国を行き来して生活したということはなかったということである。なお、Yは小学校2年生を終えて日本に帰国したとき、日本語をすっかり忘れていた。

　データ分析には筆者も含まれるため、筆者のプロフィールも述べる。なお、これ以降「筆者」は使わず、主に「日本人支援者（単に「支援者」と称することもある）」を用いる。

　日本人支援者は、序論で簡単に述べたように、2000年1月から日本語指導協力者を担当し、2014年に転居するまで約15年間務めた。その間十数名の言語少数派の子どもとその家族の支援に携わった。Sを担当し始めたときは7年目、Yを担当し始めたときは11年目であった。支援者の母語は日本語であるが、教育委員会から日本語指導協力者を依頼され

第4章　研究フィールドと実践の概要

51

た理由は、中国語に堪能であるからである。中国語は大学（学部）で第一
外国語として学習したのが最初で、短期留学や通訳養成学校での学習経
験がある。中国語圏の国に居住した経験はない。中国語能力は上級（中
国語検定準1級）である。また、日本語指導協力者になったことをきっか
けに日本語教育学の研究を始め、2004年4月大学院修士課程に入学、
2006年4月博士課程に入学した。

4.3 | フィールドにおける支援者の立ち位置

　ここでは、支援者がどのようにフィールドに入ったのか、研究活動に
ついてどのように理解と協力を得たのかについて述べる。本研究のフィー
ルドは、関東地方にある公立小学校に通う2人の子どもSとYのため
に行われた日本語指導の一環としての相互育成学習である。支援者は、
SとYの編入直後に日本語指導協力者（非常勤講師）として教育委員会に派
遣され、学習面、生活面の支援に携わった。
　日本語指導では、当初はまず小学生向けの日本語テキストを使って日
本語学習を開始し、その他に様々な生活面の支援[11]も行う。それと並行
して、クラス担任と相談しながら所属クラスで行われる様々な教科学習
の支援を行う。SとYに対しては、支援者の提案により、クラス担任と協
議の上、母語話者支援者として母親の参加を得て、相互育成学習に基づ
く学習支援を開始した。母親が参加する相互育成学習は、Sに対しては
来日から約5か月後の2007年1月から2011年3月まで約4年半[12]、Yに
対しては日本に来てから約1か月後の2010年9月から2014年の7月ま
で約4年、それぞれ行われた。
　研究活動を行うに当たっては、日本語指導を主管する教育委員会教育
指導課指導主事に趣旨を説明し、個人情報の取り扱いなどについて相談
した上で、研究活動への了承を得た[13]。それに基づいてSとYの母親に
研究趣旨を説明、協力を依頼し、ビデオ撮影の了承を得ることも含め書
面でデータ提供の承諾を得た[14]。また、年度初めには、学校長、教頭、
クラス担任に研究活動の概要を説明するとともに、他の児童がビデオに
映らないことなどに配慮した上で、学校でデータを採取させてもらうこ
とについても書面で理解と了解を得た。

本研究の分析データでは登場しないが、フィールドとしては、二組の親子と日本人支援者の他に、クラス担任、管理職（校長と教頭）、教育委員会教育指導課指導主事という構成員がいる。支援者は、1年に2回、10月と3月に日本語指導の報告書を作成し、クラス担任、教頭、校長、教育委員会指導主事に提出し、相互育成学習を含む支援全体の報告をしながら研究活動についての理解と協力を得てきた。クラス担任と教頭とは日頃から放課後や休み時間に話す時間をもつように心がけた。教育委員会指導主事とは、年に1回市内の日本語指導協力者が集まって情報交換や相談を行う「日本語指導協力者連絡会」で話す機会をもつ他、必要があれば面談を申し出た。小規模ではあるが、関係する学校教員と教育委員会の理解と協力を得られたゆえに、継続できた実践であることを付記しなければならない。

　また、2人の母親は母語話者支援者として相互育成学習の中で重要な役割を担ったが、学習の前にミーティングを行ったり、学習後に振り返りや反省会を行ったりすることは特になかった。支援者がミーティングをやりたいともちかけても、2人とも興味を示さなかったからである。2人とも多忙だということもあるが、教育経験者や研究関係者ではないため、そうした「形式」に馴染まないという様子であった。そこで、支援者から頼みたいことや、うまくいかないことがあったときは、学習が始まるときや終わったときに時間を設けたり、あるいは問題が起きたそのときに話したりして、母親の意見や要望を聞くなどした。つまり、日々の実践の中で必要に応じ短時間母親と話し合って意思疎通や問題解決を行っていたということである。

4.4 相互育成学習に基づく学習支援の概要

　第2章でも触れたが、相互育成学習は通常「①母語先行学習⇒②日本語先行学習⇒③在籍級の授業」の三段階で進む。あらかじめ少人数で個別の学習支援の場をもち、母語を介した先行学習と日本語を介した先行学習をそれぞれ行う。つまり、二言語を介して「予習」を行ってから、在籍級の授業に臨むという流れである。

　教科は主に国語の教科学習に取り組んだ。日本語の文型練習や文字学

習を行うのではなく、そうした言語事項も内包された、教科学習としての包括的な国語教材文の学習であることに注意されたい。

　国語科については、日本の社会や歴史、文化に関する背景知識を前提とする読解や作品鑑賞が盛り込まれているため、言語少数派の子どもにとって最も理解が難しい教科であるという指摘がある（宮島2014）。しかし一方で、国語科で培われる日本語能力は他の教科の理解にも役立てられるという利点もある（岡崎1997: 5）。さらに支援者自身は国語の教材文の「読む教材」のテーマの広さに注目している。「物語文」と「説明文」といったジャンルによる分類ではなく、テーマに注目すると「自然との共生」「歴史」「戦争」「自然科学（動物や植物）」「外国の風物」など非常に多岐に渡る。岡崎（1997）が指摘するように、国語教材文を通して社会科や理科などの教科に関連する内容とそれに伴う言語表現も学習できることになる。

　また、支援者が、母親に相互育成学習に参加してもらうことを提案したときに、2人の母親に相互育成学習の先行研究で使われた国語教材文の母語訳文の例を見せると、2人とも「日本語だけなら参加が難しいが、これならわたしでも分かる。一緒に勉強できそうだ」という反応を示した。

　こうした理由から、支援者は相互育成学習によって特に国語教材文の学習を支援したいと考えた。計画や内容は主に支援者が考案し、必要に応じて母親の意見を聞いた。

　次に、相互育成学習の進め方について述べる。「①母語先行学習⇒②日本語先行学習⇒③在籍級の授業」の三段階のうち、最初の母語先行学習は、基本的に以下の四段階で組み立てる（表4-3）。

表4-3　相互育成学習の4段階の組み立て

①導入	教材文の背景などを説明する。適宜視覚資料などを用いる。
②基礎基本学習	音読、発音、漢字の読み書き、語の意味、文法を学習する。
③読解	内容についてのやり取りを行う。
④まとめ	ワークシートあるいは作文などに取り組む。

　母語先行学習に続く日本語先行学習では、母語先行学習で導入が終わ

っているため、原則的に上の四段階の②③④を行う。

　表4-4と表4-5は、Sに対する相互育成学習の参加者、場所、時間をま
とめたものである。Sに対しては、転居前と転居後で学習環境が異なる
ため、説明が必要である。転居前は日本語指導の一環として行われてい
たため、母語先行学習を母親とともに地域の公民館で行い、日本語先行
学習は学校の日本語指導（取り出し授業[15]）で行われ、筆者かもう1人の日
本語指導協力者が担当し[16]、在籍級の授業に支援者が入り込み[17]をする
こともあった。転居前の母語先行学習⇒日本語先行学習⇒在籍級の学習
は連動していた。しかし、転居後、筆者はボランティアの立場で関わる
ことになり、母語先行学習と日本語先行学習は親の仕事場（中華料理店）
で昼食営業と夕食営業の間の休み時間に行われ、学校での授業とは連動
できなくなった。

表4-4　Sに対する相互育成学習（参加者、場所、時間）：
　　　 転居前（2007年1月〜2008年1月）

	母語先行学習	日本語先行学習	在籍級の授業
参加者	S、母語話者支援者(母親)、日本人支援者（筆者）	S、日本人支援者（筆者か、もう1人の日本語指導協力者）	S、日本人支援者（入り込み指導の場合）
場所	地域の公民館	小学校のランチルーム	在籍級の教室
時間	放課後	取り出し授業	在籍級の時間

表4-5　Sに対する相互育成学習（参加者、場所、時間）：
　　　 転居後（2008年2月〜2011年3月）

	母語先行学習	日本語先行学習	在籍級の授業
参加者	S、母語話者支援者(母親)、日本人支援者（筆者）	S、日本人支援者、母親	—
場所	親の仕事場	親の仕事場	—
時間	放課後	放課後	—

　表4-6はYに対する相互育成学習の参加者や場所をまとめたものであ
る。Yに対しては小学校卒業まで筆者が日本語指導協力者を担当し、卒業
まで「母語先行学習⇒日本語先行学習⇒在籍級の学習」が連動して行わ
れた。母語先行学習はYの自宅で、主に、Yの母の仕事が休みの日曜日の

第4章　研究フィールドと実践の概要

55

午前中に行われた。日本語先行学習は原則的に学校の取り出し授業として行われた。取り出し授業は、空き教室か図書室で、放課後に行われることもあった。支援者が在籍級の授業に入り込みをすることもあった。

表4-6　Yに対する相互育成学習（参加者、場所、時間）（2010年9月〜2014年7月）

	母語先行学習	日本語先行学習	在籍級の授業
参加者	Y、母語話者支援者（母親）、日本人支援者（筆者）	Y、日本人支援者（筆者）	Y、日本人支援者（入り込み指導の場合）
場所	子どもの自宅	空き教室か図書室	在籍級の教室
時間	主に日曜日午前中	在籍級の授業時間あるいは放課後	在籍級の時間

　続いてSとYに対する相互育成学習で取り組んだ国語教材文を挙げる（表4-7、4-8）。Sに対しては約4年半で25の教材文、Yに対しては約4年で22の教材文にそれぞれ取り組んだ。第5、6、7章の研究1、2、3で分析対象とする教材文は、『スーホの白い馬』⇒研究3：会話例3-1のように表示した。研究1はSを、研究2はYを、研究3はY親子、S親子を対象とする事例をそれぞれ分析する。

表4-7　Sに対する相互育成学習で取り組んだ教材文[18]

小2	『スーホの白い馬』⇒研究3：会話例3-1
小3	『きつつきの商売』『ありの行列』『さんねん峠』『分類』 『ちいちゃんのかげおくり』⇒研究3：会話例3-2 『すがたを変える大豆』『モチモチの木』
小4	『三つのお願い』『体を守る仕組み』『白いぼうし』 『手と心で読む』『一つの花』『ごんぎつね』
小5	『サクラソウとトラマルハナバチ』 『千年の釘にいどむ』⇒研究1 『わらぐつの中の神様』『ツバメのすむ町』『大造じいさんとガン』
小6	『カレーライス』『生き物はつながりの中に』『森へ』『やまなし』 『平和のとりでを築く』『海の命』

表4-8 Yに対する相互育成学習で取り組んだ教材文

小3	『ちいちゃんのかげおくり』『すがたを変える大豆』『モチモチの木』
小4	『三つのお願い』⇒研究3：母親とYの作文 『白いぼうし』『手と心で読む』 『一つの花』⇒研究3：会話例3-3 『ウナギのなぞを追って』『ごんぎつね』
小5	『のどがかわいた』『見立てる』『生き物は円柱形』 『大造じいさんとガン』⇒研究2 『千年の釘にいどむ』『わらぐつの中の神様』
小6	『カレーライス』『生き物はつながりの中に』『柿山伏』『やまなし』 『平和のとりでを築く』『森へ』『海の命』

　学習支援の母語先行学習では、教材文全文の母語翻訳文を使用した。S
とYに対する支援で使用した母語翻訳文は、支援者の依頼により中国人
留学生（あるいは元留学生）が翻訳したものと、「5か国語で読む国語教材
文（中国語版）」（埼玉県教育委員会編）[19]から使用したものがある。それぞ
れ下の表4-9の通りである。

表4-9 SとYに対する相互育成学習で使用した母語訳文

中国人留学生（あるいは元留学生）が翻訳したもの	小2	『スーホの白い馬』
	小3	『ありの行列』『さんねん峠』『分類』 『ちいちゃんのかげおくり』『すがたを変える大豆』 『モチモチの木』
	小4	『三つのお願い』『手と心で読む』『体を守る仕組み』 『白いぼうし』『一つの花』『ごんぎつね』
	小5	『のどがかわいた』『生き物は円柱形』
「5か国語で読む国語教材文（中国語版）」	小5	『サクラソウとトラマルハナバチ』『千年の釘にいどむ』 『わらぐつの中の神様』『大造じいさんとガン』 『ツバメのすむ町』
	小6	『カレーライス』『生き物はつながりの中に』『森へ』 『平和のとりでを築く』『海の命』

　最後に母語ワークシートおよび日本語ワークシートについて説明す
る。2人への学習支援では、ほとんどの教材文で、副教材としてワーク
シート（母語および日本語）を使用した。それぞれの教材文を学習するね
らいや子どもの母語力および日本語力を考慮して、支援者が事前に作成す

第4章　研究フィールドと実践の概要

57

る。教材文に書かれている内容で重要な部分を確認したり、子どもが自分の考えをまとめたりするためのものである。母語ワークシートは、まず母親に見てもらい、必要があれば修正や補足をする。

なお、実際の学習支援の流れについては、第5章（研究1）において、Sに対する『千年の釘にいどむ』（小学校5年生）の学習を例に、時間数や毎回の内容、取り組んだ課題や、母語先行学習と日本語先行学習で実際に使用したワークシートなどの詳細を例示する。

4.5 会話データ文字化の凡例

表4-10は会話データ文字化の凡例である。

表4-10 会話例文字化に使用した記号の凡例

→	分析上特に注目される発話を示す。
。	文末を示す。
、	区切り、またはごく短いポーズを示す。（中国語発話では「, 」とする）
？	疑問のイントネーションを示す。
―	延長の音声を示す。
／	発話の重なりを示す。中国語発話の部分は日本語訳部分で示す。
##	聞きとれなかった部分を示す。
（T：うん）	話している人以外の人による相槌や、話している人の発話の一部の復唱、考えている様子の「うーん」などが重なっているときを示す。話者が交代したと判断されるほどのはっきりした発話ではない。左の場合、Tの相槌を指す。 中国語発話の部分は日本語訳部分で示す。
（数字）	音声が途切れている秒数を表す。
（笑）	笑い声を示す。
《　》	非言語情報を示す。
（　）	筆者が付け加えた説明を示す。
【　】	中国語で発話された部分の日本語訳を示す。 日本語訳では、「？（疑問のイントネーション）」は入れるが、「。」については、複数の文があると看做される長い発話における途中の文末のみに「。」を入れ、発話の終わりには入れない。 また、中国語発話部分には、上の（数字）（笑）《　》（　）の情報や説明は入れず、日本語訳部分に入れる。

58

注 [1] 外国人集住地域の資料として、以下を参考とした。
横浜市教育委員会『ようこそ横浜の学校へ　日本語指導が必要な児童生徒受け入れの手引（改正版）平成30年度版』http://www.city.yokohama.lg.jp/kyoiku/kyoikukatei/nihongoshido-tebiki/（2019年1月21日アクセス）
豊橋市教育委員会『外国人児童生徒教育の手引き（平成26年3月改訂）』http://www.gaikoku.toyohashi.ed.jp/kyouikunotebiki/main1.html（同日アクセス）

[2] 横浜市のように5人以上を国際教室設置の基準とする自治体が多いが10人以上とする自治体もある。

[3] なお両者は自治体の単位で外国籍住民が多いか少ないかの区分ではない。例えば全国的に外国籍住民が多い愛知県や群馬県であっても全ての小中学校で子どもの人数が多く「国際教室」などが設置されているわけではない。当然ながら同じ自治体内でも子どもの人数にはばらつきがあり、集住地域と非集住地域の両方がある。

[4] 「日本語指導が必要な児童生徒の受入状況等に関する調査（平成28年度）」http://www.mext.go.jp/b_menu/houdou/29/06/__icsFiles/afieldfile/2017/06/21/1386753.pdf（2019年1月21日アクセス）。なお、この調査は2年に一回行われる。

[5] 1コマは小学校の場合45分、中学校の場合50分である。

[6] 詳しくは「学校教育法施行規則の一部を改正する省令等の施行について（通知）」を参照。http://www.mext.go.jp/a_menu/shotou/clarinet/003/1341903.html（2019年1月21日アクセス）

[7] 「教職員定数に関する平成29年度概算要求について」を参照。http://www.mext.go.jp/b_menu/shingi/chukyo/chukyo3/004/siryo/__icsFiles/afieldfile/2016/10/28/1378911_2_3_1.pdf（2019年1月21日アクセス）
　なお、本研究の実践は「特別の教育課程」および「外国人児童生徒数の人数に応じた教員数の基礎定数化」が行われる以前に実践されたものである。

[8] 小学校学習指導要領および中学校学習指導要領（2019年1月21日アクセス）。http://www.mext.go.jp/component/a_menu/education/micro_detail/__icsFiles/afieldfile/2018/05/07/1384661_4_3_2.pdf、および、http://www.mext.go.jp/component/a_menu/education/micro_detail/__icsFiles/afieldfile/2018/05/07/1384661_5_4.pdf

[9] その他、本研究とはあまり関わりがないが、JSLカリキュラムに続き、日本語力の評価ツールとして「外国人児童生徒のためのJSL対話型アセスメントDLA（Dialogic Language Assesment）」が開発された。詳しくは、以下の文部科学省のホームページおよび櫻井

第4章　研究フィールドと実践の概要

	(2018) を参照のこと。http://www.mext.go.jp/a_menu/shotou/clarinet/003/1345413.htm（2019年1月21日アクセス）
[10]	SとYはどちらも母国で小学校2年生を終えた後の夏休みに来日したが、日本の学校でSは小学校2年生に、Yは小学校3年生に編入した。この違いは、生年月日を基準に編入学年が決定されたからである（教育委員会学務課と校長が判断する）。Yは早生まれ（2月生まれ）のため、S（4月生まれ）より一学年上に編入となった。
[11]	保護者と連絡をとり、学校行事に参加するための準備を手伝ったり、必要であれば病院に付き添ったりすることもある。
[12]	Sは来日から約1年半後に転居したため、その前後で相互育成学習の体制が異なる。それについては後述する。
[13]	支援者が最初に教育委員会教育指導課指導主事と研究活動について相談をしたのは、SとYを担当する以前に、支援者が担当した他の子どもを対象とする修士論文を執筆したときで、2005年8月であった。その後2012年12月にも指導主事と面談し内容を確認した。
[14]	Sの母親には2006年9月に、Yの母親には2011年4月に、それぞれ研究活動のために学習時のデータを提供していただくことの承諾を得た。
[15]	空き教室などに子どもを移動させて（取り出して）個別に指導するかたち。
[16]	2006年9月から始まったSに対する日本語指導では、当初筆者ともう1人の日本語指導協力者（中国語が話せる）が週に1日（2コマ）ずつ担当していたが、もう1人の講師が2007年7月に都合によりやめたため、それ以降2008年1月に転校するまで、筆者が1人で週に2日（計4コマ）を担当した。
[17]	子どものクラスに支援者が「入り込んで」支援するかたち。
[18]	国語教科書は光村図書発行のものである。
[19]	埼玉県教育委員会のHPで一般公開されていたが、契約期間が終了したため、2018年5月現在公開されていない。

第5章 研究 *1*：生活体験（家庭での体験／日本の学校での体験）を基盤とする概念発達の分析 ——子ども *S* の場合

5.1 研究課題

　第5章では研究1として、2人の子どものうちSを対象に、生活体験を基盤とする概念発達の様相を探る。

　言語少数派の子どもは、日本に来てから学校や地域社会で様々な経験を得る。しかし忘れてはならないのは、彼らは日本に来る前は母国で生活し、日本に来てからも、多くの場合、母語を話す家族と生活している一方で、学校では日本語を介して学んでいるということである。つまり、彼らの生活体験を考えるとき、彼らの特性を考慮して、日本での体験と母国や家庭での体験の両面を基盤とする必要があろう。

　そこで研究1では、Sを対象に、一つの教材文の学習支援の中で、母語を介して得られた家庭での体験と日本に来てから日本語を介して得られた体験が、それぞれ概念発達の基盤となった事例を分析する。これは、体験が生まれた場（言語少数派の家庭／日本の学校）と学習のときに媒介する言語（母語／日本語）を一致させた学習デザインである。具体的には、相互育成学習の母語先行学習において家庭での体験（家族の仕事に関わる体験）を、日本語先行学習において日本での体験（学校での水泳体験）を基盤とし、教材文の主題に関わる抽象概念と結び付けることを試みた。

　言語少数派の家庭の仕事に関わる体験については、ヴィゴツキー理論を背景とする先行研究、Gonzáles & Moll（2005）、Moll（2014）が参考となる。Mollは、言語少数派の家庭が生活を支える家業をやりくりするため、あるいはよりよい暮らしを実現するために伝えてきた知識や技能・行為などの多様な集合体を「知識の資産」として価値付け、授業に反映させ

ることを提唱している。Moll（2014: 136）は、こうした実践は現代の学校において生活的概念と科学的概念との統合を具体化するものであり、日常生活で育まれた知識と抽象概念を結ぶやり取りは発達の最近接領域をつくり出し、子どもの発達を促すと指摘している。

　日本国内の言語少数派の子どもを対象に、「知識の資産」に類する家族が関わる仕事などの営みを通じて得られた知識や体験が着目された先行研究は少ない。相互育成学習を行った滑川（2010）にそれに類する知識や体験が教材文を理解することに役立てられたという分析があるが、生活体験と抽象概念との統合という観点から分析されたものではない。

　一方、学校生活を通じた体験についても、JSLカリキュラムの中で「体験的学習」のかたちで活用されることがあるが、これは授業の中で五感をフル活用するなどの体験的活動を通じて教科内容の具体的な把握をねらうものであり、子どもの日常から生まれた体験や知識とは性質が異なる。また、JSLカリキュラムの「体験的学習」を対象に、生活体験と抽象概念の統合という観点から分析されたものも見当たらない。

　相互育成学習の中で、家庭で育まれた生活体験、および学校生活で得られた体験は、抽象概念とどのように統合され得るだろうか。第3章で述べた、以下の研究1の研究課題に答えるかたちで見ていくことにしたい。

　　〈研究1〉
　　RQ1-1：家庭での体験（家族の仕事に関わる生活体験）を基盤とする学
　　　　　　習の中で、どのような概念発達が見られるか
　　RQ1-2：日本での生活体験を基盤とする学習の中で、どのような概
　　　　　　念発達が見られるか

　ここで分析の視点を確認する。本研究における「概念発達」とは、「生活体験と抽象概念が統合」される中で、どのように概念（＝ことばの意味）が変化する、あるいは広がっていくのかを指す。さらに、概念発達を促すものとして、「発達の最近接領域におけることばのやり取り」、具体的には大人がどのように働きかけ、子どもがどのように応答しているのかを注視する。つまり、概念発達（生活体験と抽象概念が統合していく過程）を、

発達の最近接領域におけることばのやり取りを注視しながら質的に分析するということである。

5.2 分析対象とするデータ

研究1では、生活体験を基盤に抽象概念と統合される過程が例示できる教材文として、小学校5年生の『千年の釘にいどむ』を採り上げる。この教材文では、昭和の薬師寺再興で釘の製作を担当した鍛冶職人が千年の歳月に耐え得る釘を作るため、「職人の意地」をかけてよりよい釘を改良し続ける姿が描かれている。支援者はSの父親も職人（調理師）であることに着目した。Sは放課後や休日は両親の仕事場で過ごすことが多く、普段から調理師としての父親の姿を見ている。そこで支援者は、母語話者支援者として相互育成学習に参加する母親の力を借りて、Sが普段見ている父親の姿（＝生活体験）と重ね合わせた概念理解が具体化できると考えた。

さらに支援者は、「意地」は職人に限らず誰にとっても困難を乗り越える強い気持ちを支えるものであると考え、母語先行学習に続く日本語先行学習では、S自身が日本に来てから何かに懸命に取り組んだ経験を掘り起こし、「意地」と結び付けられるよう学習内容を設定した。これが上で述べた、**体験が生まれた場**（言語少数派の家庭／日本の学校）と学習のときに媒介する言語（母語／日本語）を一致させた学習デザインである。

表5-1は教材文『千年の釘にいどむ』の全7回の学習の流れを示したものである。右端の欄で、分析する会話データがどの段階から得られたものなのかを示した。Sはこの学習の時点で、小学校5年生で11歳、来日から約3年が過ぎていた。第4章で述べたが、Sは来日当初から相互育成学習に基づく母語と日本語による教科学習支援を受けている。

第5章｜研究1：生活体験（家庭での体験／日本の学校での体験）を基盤とする概念発達の分析

表5-1 『千年の釘にいどむ』学習の流れ（全7回）

	日付	母語先行学習／ 日本語先行学習	内容	分析データ
1回目	2009.6.12	母語先行学習	導入：薬師寺の歴史などの説明／ 音読・解説・読解①	
2回目	2009.7.1	母語先行学習	音読・解説・読解②／ ワークシート①	会話例1-1
3回目	2009.7.10	母語先行学習	音読・解説・読解③／ ワークシート②	
4回目	2009.7.17	母語先行学習 （前半）	音読・解説・読解④／ ワークシート③	会話例1-2、 1-3
		日本語先行学習 （後半）	音読・解説・読解①	
5回目	2009.7.23	日本語先行学習	音読・解説・読解②	
6回目	2009.7.30	日本語先行学習	音読・解説・読解③／ ワークシート①	
7回目	2009.8.7	日本語先行学習	音読・解説・読解④／ ワークシート②	会話例1-4、 1-5、1-6

　次は、それぞれ、母語先行学習における母語ワークシート、日本語先行学習における日本語ワークシートである。ゴシック体で示した下線部の部分が、生活体験と抽象概念を結び付けるための設問である。ここでは母語ワークシートに日本語訳を付けたが、実際のものは中国語のみが書かれている。

『千年の釘にいどむ』母語ワークシート
1) 师傅是什么样的人？【親方とは、どのような人のことをいいますか】
2) 在文章里用3个要素（或讲究）来解释经得起千年岁月的钉子。3个要素是什么？【文章中では三つの点から千年の年月にたえる釘の特徴をまとめています。三つの点はそれぞれ何ですか】
3) 白鹰师傅坚持不懈地作出努力是值得钦佩的。他为什么这样坚持不懈呢？【白鷹さんのあきらめない姿はすばらしいです。白鷹さんは、なぜあきらめないのでしょうか】

> 『千年の釘にいどむ』日本語ワークシート
> 1) 薬師寺を再建するためには、どのような人たちの力が必要ですか。
> 2) 現代の釘と古代の釘の違いをまとめましょう。（ポイントがいくつかあります。寿命、大きさなど）
> 3) 「意地（職人の意地）」って何だろう。あなたには意地がありますか。それはどんな気持ちですか。

5.3 分析結果

5.3.1 分析結果の概要

　ここで分析結果の概要を述べる。まず5.3.2項において、家庭での体験（Sが普段から見ている父親の姿）と抽象概念「意地」を結び付けるやり取りを分析する。これは母語先行学習から得た会話データの分析である。5.3.2項の前半では、抽象概念「意地」へと進む前の段階として、抽象概念「師傅（親方）」とSの父親との接点を探るやり取りを分析する（会話例1-1）。後半は「意地」をめぐるやり取りである（会話例1-2、1-3）。

　続いて5.3.3項において、子どもの日本での体験として、学校での生活体験（夏休みの水泳体験）と抽象概念「意地」を結び付けるやり取りを分析する（会話例1-4、1-5、1-6）。日本語先行学習から得た会話データである。

　そして、これらの分析結果を踏まえ、5.4節にてまとめと考察を行う。

5.3.2 家庭での体験：職人としての父親の姿（母語先行学習）

5.3.2.1 父親と鍛冶職人の接点：「师傅（親方）」とはどんな人か（会話例 1-1）

　まず、Sが普段目にしている職人としての父親の姿を生活体験とし、抽象概念と結び付けた母語先行学習を分析する。主人公の鍛冶職人は教材文では「白鷹（しらたか）さん」となっているが、母語訳文（中国語）では「白鷹師傅」と訳されている。「師傅」は一般的に「親方」と訳され、本研究でもそう訳すが、「親方」よりもドイツ語のMeisterに近い。経験豊かで確かな技能をもつ職人の尊称である。支援者はこの「師傅」に注目した。上述のようにここで目標とする抽象概念は「意地」であるが、支援者はSの父親が職人として「師傅」に相応しい人であることを共有し、その価値を理解した上で「意地」と結び付けたいと考えた。そこで、5.2

第5章　研究1：生活体験（家庭での体験／日本の学校での体験）を基盤とする概念発達の分析

節で例示したように、母語先行学習のワークシートの一つ目の設問を「師傅是什么样的人？【親方とはどのような人のことを言いますか】」とした。次の会話例1-1は、母語先行学習の2回目で、ワークシートに取り組む前に、支援者（以下、データ分析ではTとする）が主導して父親との接点を探る。Tは、まずこの「師傅」とはどのような人を指すのかとSに問いかける（262T）。なお、会話データにおけるSMは母語話者支援者であるSの母親を示している。

〈会話例1-1〉「師傅（親方）」ってどんな人？

			『千年の釘にいどむ』（小5）母語先行学習　　　　　　　　　　　　　　2009.7.1
	262	T	師傅是什么样的人？【師傅（親方）ってどんな人？】
→	263	S	有，有弟子，当然。【弟子がいる、当然】（笑）《親方が弟子の頭をなでる真似をする》
	264	T	有弟子，对对，有弟子，当然，这也是，木匠，石匠都有弟子。【弟子がいる、当然、大工さんとか石工さんとか、／弟子がいる】
	265	SM	行业是很久的。然后，承续技术。　　　　　　　【／その職業が長く続いている。（T：そうそう）技術が引き継がれている】
→	266	S	当然有弟子吧？【弟子が必ずいるんでしょう？】
	267	SM	对呀。【まあ、そうだけどね】
	268	T	都有弟子，都有徒弟，一种老师。【まあ、弟子がいるね、／一種の先生だね】
	269	SM	手艺很高很高。【／技術がとても高い】
→	270	T	技术方面的老师。厨师也叫师傅？【技能の先生だね。（1）（SM：そう）《SMに尋ねる》調理師も師傅と言いますか？】
	271	SM	对，厨师也叫师傅。【そう、調理師も師傅と呼ばれる】
→	272	S	但是我爸爸不叫师傅。【でも、うちのパパは師傅と言われないよ】
	273	SM	为什么呢？【どうして？】
→	274	S	他没有弟子。【パパには／弟子がいないもん】
	275	T	没有徒弟，他没有弟子。　　　　　　　　　　【／Sちゃんのパパには弟子がいない、いないね】
	276	SM	没有弟子也叫师傅。【弟子がいなくても師傅と呼ばれるわよ】
			（中略）[1]
	281	SM	没弟子也有，那个就是，因为承续这个行业很长时间了，有一定的经验，他的技术受到大家的认可，尊敬。所以被叫师傅。【弟子がいない師傅もいる。その職業が長く継承されてきて、一定以上の経験があ

66

	282	T	对对，尊敬，这很重要。【そうそう，／尊敬されていることが大事】
	283	SM	不管有没有弟子。但是弟子管自己的时候叫师傅，就是拜他的徒弟，这是一种说法。那种说法就是别人对这个人喊什么什么的时候。【弟子がいるかいないかは関係ない。でも、弟子になった人が自分の親方のことを「師傅」って呼ぶことはあるわ。それは人を呼び掛けるときの言い方ね】
→	284	S	CH师傅！【CH（Sの父親の名前）師傅！】
	285	SM	对。【／そう】
	286	T	应该包括尊敬的意思。尊称，尊称。【／尊敬の意味が含まれている。（SM:そう）尊称、尊称ね】
	287	SM	尊称，对。【尊称、そうね】
	288	T	技术很高，品德？【技能が高くて、人徳ですか？《SMに聞く》】
	289	SM	对。【そう】
	290	T	品德也很高，有好多徒弟，这样的人才能说什么什么师傅。【人徳も高い、たくさん弟子がいて、そういう人を何々／師傅と呼ぶ】
	291	S	师傅。【／師傅と呼ぶ】

　Tの、「师傅（親方）」とはどのような人を指すのかという問いに対し（262T）、Sは「弟子がいる人」と答えた（263S）。それに対し、Tは、確かに大工や石工など弟子がいる場合が多いので、Sの回答は間違っているわけではないと話す（264T）。SMの方は、弟子の有無よりも、技術が長く引き継がれている仕事で使うことばだと、仕事の特性から説明する（265SM）。しかし、Sは弟子の有無を主張する（266S）。Tは弟子の有無と関連させて「技術の先生」（268T, 270T）と説明を加える。SMも長く技術が引き継がれている職業であると説明したのに続けて「技術がとても高い」（269SM）と補足する。

　続いてTが、Sの父親に話題を近づけようと、調理師も「师傅」と呼ばれることをSMに確認する（270T, 271SM）。しかしSが知っている「师傅」とは「弟子をもつ人」であるため、Sは「パパには弟子がいないから、パパは師傅と呼ばれないよ」（272S, 274S）と答えた。こうした反応から、Sの頭の中で父親と「師傅」がつながっていないことが分かる。そこでSMが「弟子の有無は無関係」と解説し、「長く受け継がれている技能職」「経験豊か」「尊敬される」などのように「师傅」の概念を広げる

（281SM）。Tも「尊敬されることが重要だ」（282T）と呼応する。さらにSMが「人を呼ぶときの言い方でもある」（283SM）と教えると、Sは「CH（父の名）師傅！」と呼び掛けてみる（284S）。ここで、Sの頭の中で父親と「師傅」がつながったのが分かる。さらにTとSMによって尊称であることも強調される（286T, 287SM）。

最後にTが、「人徳」の概念をSMに確認しながら（288T, 289SM）、「師傅」の概念を「技能が高く、人徳があり、たくさん弟子がいる」とまとめると（290T）、Sも「師傅」と発話を重ねて呼応する（291S）。

このようにもともとSは「師傅」の概念を「弟子をもつ人」のように狭く理解していた。そのため、父親と「師傅」はつながっていなかった。しかし、2人の大人の働きかけによって概念が変化し、広がるとともに、普段見ている父親（生活体験）が「師傅」（抽象概念）に相応しい人であると捉え直されていった。図5-1にやり取りの概要とSの理解の変化を示す。

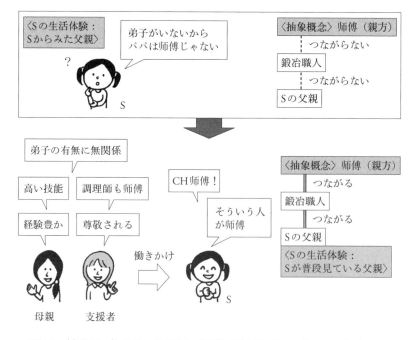

図5-1 〈会話例1-1〉父親と抽象概念「師傅（親方）」がつながっていくプロセス

5.3.2.2　父親と「志气（意地）」の接点：

「職人の意地」とはどのようなものか（会話例 *1-2*、*1-3*）

　次の会話例1-2は、母語先行学習の4回目で、教材文の音読と内容理解
の活動が行われている。音読したのは、教材文の最後に近い部分で、「白
鷹さんは納得のいく釘を完成させるまで、何本も何本も作り直した。薬
師寺の工事が始まって、釘を宮大工の人たちに渡すようになってから
も、改良を続けた。そうして、これまで2万4千本もの釘を作ってきた。
それでも、白鷹さんは、もっといい釘を作ろうとしている。千年も前の
鍛冶職人たちは、歴史に名を残すこともなく去っていった。それでも、
すばらしいことをやりとげた。この職人たちに負けるわけにはいかない
のだ」である。音読に続いて、鍛冶職人と父親の接点に関するやり取り
に発展した部分を分析する。鍛冶職人の真摯な姿勢に感銘したSMが教
材文を引用しつつ職人の心意気を解説するところから始まる（277SM）。

〈会話例 *1-2*〉　職人の意地とは？①

『千年の釘にいどむ』（小5）母語先行学習		2009.7.17
277	*SM*	白鷹師傅，不就是嘛，他把已经做出来的钉子，反复加工的钉子，他去交给那个，寺庙已经开始盖了，研究来研究去了，把打工完的钉子已经交给那个盖寺庙的木匠。但是他还是继续研究这个东西，还想再作得更好一点儿。为什么呢？他，就是说，以后，他想，一千年以后他做的这个钉子，被那个铁匠师傅看着了的时候，比如，哎呀！一千年前做出钉子来的这个时候的师傅手艺真不错，真好。因为他现在在这个##发现的钉子他就感动，那个时候的师傅手艺好。所以他希望将来他做的钉子，修建的时候，一千年以后别的师傅也能这么说他，不要被别人说成这个人拙劣。 【白鷹さんは何度もやり直して作った釘を渡して、寺の改築が始まった後も、さらに改良して《手で釘を作る動作》研究に研究を重ねた。できた釘をお寺を建てている宮大工さんに渡した。でも、また研究を続けて、さらにもう少しいいものにしようって思った。なぜかしら？それは、自分の作った釘を（1）千年後の人が見たときに、ああ、この職人は腕がいいと言わせたいから。今、白鷹さんは千年前の人が作った釘を見て感動しているから。このときの職人の腕は大したものだって。だから、将来また修築するとき、千年後の職人が自分の作った釘を見て、また、こんなふうに言ってほしい、その人に拙劣だと言われたくないと思っているのよ】
278	*S*	什么是拙劣？【拙劣って何のこと？】
279	*SM*	拙劣就是不好，拙就是笨拙，很笨拙的意思。劣就是劣质，劣。劣的反义词就是，笨拙就是不好，做的东西很烂。手艺人。

第5章｜研究1：生活体験（家庭での体験／日本の学校での体験）を基盤とする概念発達の分析

69

			【「拙劣」はつまりだめなこと、「拙」は下手、下手くそだってこと。「劣」は質が悪いこと。ここで言いたいことは「劣」の反対の意味のことね。下手はよくないこと、いい加減なものを作ること。職人だからこんなことじゃ困る】
→	280	T	你爸爸也是一样？【(2) あなたのお父さんも同じでしょう？】
	281	SM	他也是手艺人，做菜的。做菜做得好吃的，很高兴。做得不好，非常气坏。【うちのお父さんも職人、料理人。《SM：鍋振りの動作をする S：笑顔になる》料理がおいしくできれば嬉しいけど、うまくできないととても気分がめいる】
→	282	S	不吃，要是爸爸做不好吃的，顾客就不吃他做的菜。哎哟！Hun！【食べないよね、もし、パパの作った料理がまずかったら、お客さんは食べないよね。「ああー！ ふん！」って《愛想を尽かす表情》】
	283	SM	(笑)
	284	S	这样，对吧？【こんな感じ、そうでしょう？】
	285	SM	就是手艺不好，手艺人，手艺人都怕自己手艺不好。【そうそう腕が悪いとね、職人はみんな腕を気にするものよ】

　SMは、教材文を引用しながら、鍛冶職人白鷹さんの真摯な仕事ぶりと信念について熱心に語った（277SM）。SMの説明の中にあった「拙劣」の語が難しかったので、Sが質問する（278S）。それに対するSMの答え（279SM）に「手芸人（職人）」というキーワードがもたらされたのを機に、Tが、Sの父親も職人であり、この鍛冶職人に通じるものがあるとSに差し向ける（280T）。SMも同意して夫の普段の様子を表現すると（281SM）、Sもさそわれて想像力を働かせ、客の反応を楽しげに演じた（282S）。Sを含む3者が発話をつないでいることから（280T–282S）、鍛冶職人と父親の接点が共有されていることが分かる。SMはさらに、職人とは腕を気にするものだと説明を加える（285SM）。

　その後も音読と内容理解が進む。音読したのは教材文の最後の段落で、白鷹さんの語りが次のように引用されている。「千年先のことはわしにも分からんよ。だけど、自分の作ったこの釘が残っていてほしいなあ。千年先に、もし鍛冶職人がいて、この釘を見たときに、おお、こいつもやりおるわいと思ってくれたらうれしいね。逆に、ああ、千年前のやつは下手くそだと思われるのは恥ずかしい。笑われるのはもっといやだ。これは職人というものの意地だね」。

　会話例1-3は、この最後の部分についてのやり取りで、抽象概念「志

70

气（意地）」について話している。Tが白鷹さんの考えを、教材文を引用
しつつ説明しているところから始まる（311T）。

〈会話例1-3〉　職人の意地とは？②

『千年の釘にいどむ』（小5）母語先行学習			2009.7.17
	311	T	这个家伙原来是拙劣的工匠时，妈妈刚才谈到拙劣，手艺不好。这是个拙劣的工匠时，我会感到羞耻，羞耻，害羞，更不喜欢被人耻笑。这非常重要。什么时候都不能被人耻笑。这就是所谓手艺人的志气。志气比较难，怎么样？ 【（千年後の鍛冶職人に）ああ千年前のやつは下手くそだと思われる。さっき、ママが「拙劣」を説明してくれたよね、腕が悪いこと。こいつは下手くそだと思われるのは恥だ。恥ずかしいってことだね。笑われるのはもっといやだ。これはとても大事だね、いつだって人に笑われるようなことをしてはいけない。これは職人というものの意地だね。この意地って難しいんじゃない？　どう？】
	312	S	／志气【意地】
	313	T	／志气【意地】
→	314	S	志气？　志气是什么？　这个，肯定要有骨气，志气。 【意地？　意地って何？　これは（0.5）きっと根性があるってことだよね（0.5）意地】
	315	SM	志就是志向，就是你的什么呢？　你的那个脑子里理想的未来。你希望有一个什么，就是超过平时说的那个，高的志向，就是很高的目标。把将来理想更好一点儿，更好。志向，志气，气概，就是有一种那个，叫什么，坚持的原则，骨气，志气。 【「志」の字は意志のこと、これはどんなことかしら？　あなたの（0.5）心の中の未来の夢。願いというか、普段言うことを越えた高い志《手で高いところを指し示す》、つまり高い目標。将来をよりよくしようという思い。意志（T：意志），意地（0.5）気骨（1）何て言うか（1）しっかりとした信念、根性、意地】

　　Tは、鍛冶職人の語りの一部である「これは職人の意地だね」を引用し
て、ここで目標とする抽象概念「志气（意地）」を会話にもたらし、Sの理
解を確認する（311T）。Sは、「意地って何？　これは、きっと根性がある
ってことだよね」と反応した（314S）。自分の知っていることばと摺り合
わせながら理解しようとしている様子が窺える。それを受けてSMはS
の概念理解を広げようと「志气とは、心の中の未来の夢、高い目標、将
来をよりよくしようという意志」のように、考え考え、ことばを選びな
がら概念を付け足した（315SM）。会話例1-2、1-3の概要を図5-2に表した。

第5章　｜　研究1：生活体験（家庭での体験／日本の学校での体験）を基盤とする概念発達の分析

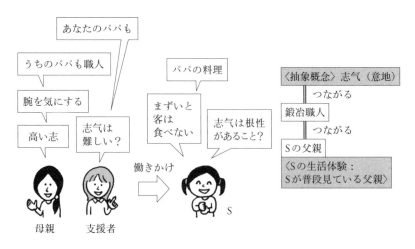

図5-2 〈会話例1-2, 1-3〉父親と抽象概念「志気（意地）」がつながっていくプロセス

　以上が、相互育成学習の母語先行学習の中で行われた、家庭での体験（職人としての父親の姿）に裏打ちされた抽象概念「意地」の理解のプロセスである。会話例1-1、1-2、1-3から、生活体験が抽象概念に裏打ちされる過程で、大人の働きかけが盛んに行われていたこと、働きかけを受けるのみではなくSも主体的にやり取りに参加していたこと、そのようなやり取りを重ねる中でSの理解する概念が変わり、広がっていったことが明らかになった。また、父親が話題となっていることから、母親が自在に使える母語を介してことば豊かに働きかけをしており、その恩恵をSが十分に受けていることが注目される。

5.3.3　日本での体験：学校の夏休みの水泳体験（日本語先行学習）

　父親の姿に照らし合わせた母語先行学習に続き、日本語先行学習ではS自身の生活体験として、学校生活に関わる生活体験と「意地」との接点を探った。会話1-4、1-5、1-6は、7回目の学習で、まとめとしてワークシートに取り組んでいる。5.2節で例示したように、ワークシートの問いは「「意地（職人の意地）」って何だろう。あなたには意地がありますか。それはどんな気持ちですか」であり、S自身も鍛冶職人のように意地をもって何かをやりとげたことがあるか、それはどんなことかと問いかけ

た。会話例1-4は、Sがワークシートに書いた解答をTが読み上げている
ところから始まる（41T）。

〈会話例1-4〉　水泳記録会に参加したことは、わたしの「意地」？①

『千年の釘にいどむ』（小5）日本語先行学習			2009.8.7
→	41	T	意地、職人の意地って何だろう。《ワークシートの問題文を読み上げる》「あなたには意地がありますか。それはどんな気持ちですか。どんな意地ですか？」《Sがワークシートに書いた解答を読み上げる》「あきらめない気持ち、最後までやる気持ち」《Sの顔を見る》ん？
→	42	S	何事も真面目に
	43	T	うん、真面目に頑張る気持ち。うん、（0.5）でも、何か、もうちょっと、つまんないな。
	44	SM	（笑）
	45	T	どんなとき、意地を出して、具体的に、具体的に言ってね、どんなとき意地を出して頑張るの？　頑張った？　頑張るの、じゃなくて、頑張った？　実際に。（S：うーん）どんなとき意地を
→	46	S	什么事？【（4）何だろう？】《首をかしげた後、SMの方を向く》
→	47	T	あの、意地ってねえ、悪い意味もあるんですね。也有不好的意思。【悪い意味もある】意地が強すぎるときは、你只是不听别人的话。【人の意見を聞かない】
	48	SM	嗯【うん】。《頷く》
	49	T	一点儿也不听别人的忠言或者助言。【全く聞かない、他の人の（1）忠告や助言を】《SM：頷く》他の人の意見を全然聞かない、意地が強すぎるとね。（0.5）だから、あんまり強すぎない方がいいんだけど、でも、大事なときもあるのね。えー、いいときと悪いときとあるんだけど（1）どんなとき意地張って、いいとき、いい意味よ、／悪いときじゃなくて。
	50	S	／いいとき《SMの方を向き、援けを求める》
	51	SM	（笑）好的事。【いいとき】《首をかしげる》
	52	T	（7）あきらめないでやったこと、最後まで頑張ってやったこと、真面目にやったこと　（0.5）最近。（笑）
	53	S	最近。《首をかしげながら、SMの方を向く》像什么？【どんな？】
→	54	SM	游泳挺认真？【（1）水泳、頑張ったでしょう？】（笑）
→	55	S	什么时候？【どんなときかってことでしょう？】
	56	SM	游泳的时候吧。【水泳のときでいいじゃない】
→	57	S	怎么／【どんな】
	58	T	／そうだね、そうだね。

	59	SM	你认真游嘛。／【真面目に頑張って泳いだじゃない】
	60	T	／そうだね。
→	61	S	／あー。
			(中略) [2]
	67	T	そうよね、この間の、わたし、思ったけど、この間、あの、水泳の記録会？ に行ったからすごく偉かったなあ。うん。(0.5) それやっぱり (0.5) 意地があったんじゃないですか。
→	68	S	是吗？【《困った顔をしてSMの方を見る》(1) え？ そうなの？】

　Sはワークシートに「意地」という概念を「あきらめない気持ち、最後までやる気持ち、何事も真面目に頑張る気持ち」と書いた (41T, 42S)。このような辞書的な説明は中村の言う「説明できるか否か」の次元の概念理解であり（中村2010: 157）、体験まで届いていない。そのためTは、体験を掘り起こすべく、「具体的に、最近どんなことを、意地を出して頑張った？」と働きかけを始める (45T)。Sは母語に切り替えて「何だろう？」とSMに援けを求める (46S)。Sが母語に切り替えたことに応じてTも切り替え、SMがSを援けられるように、日本語の意地にはいい意味と悪い意味があり、ここではいい意味の意地のことを話しているのだと中国語で説明を加える (47T, 49T)。しかし、Sの方はイメージを摑めないでいた (50S, 53S)。

　するとSMは、水泳を頑張った体験がそうじゃないかと助言した (54SM)。この小学校5年生の夏休み、Sは学校で行われる水泳特別訓練に参加し、25m泳げるようになり、水泳記録会にも参加した。母国中国でSが通っていた都市部の小学校では、日本のようにプールがあることは少なく、学校で水泳指導も行われない。小学校2年生で来日したとき、Sは全く泳げなかった。スポーツが得意な方ではないSがここまで泳げるようになったのは、あきらめることなく真面目に取り組んだからであろう。しかし水泳と言われても、Sにはしっくりこないようである (55S, 57S)。TがSMの助言に「そうだね」(58T, 60T) と賛同しても、Sの反応は「あー」(61S) というはっきりしないものである。

　Sのはっきりしない様子を見て、Tは、この日以前に、Sから水泳記録会に出場したと聞いたことを思い出し「やはりそんなに頑張ったのは、意地があったからじゃないか？」(67T) と直接的な問いをぶつける。し

かしSの方は、「え？ そうなの？」（68S）と曖昧に返答しながら、困った様子でSMの方を見る。そのため、TとSMによる働きかけがさらに続く。

　続くやり取り（69T–74S：データは省略）では、Tがなぜ水泳記録会をさぼらなかったのかと尋ねたのに対し、Sは「用事のない人は全員参加しなければいけないから」のように、自分の気持ちとは関わりのない学校側の決まりなのだと答える。そうではないだろうと思っているTは、会話例1-5で、さらに質問を続ける。

〈会話例1-5〉　水泳記録会に参加したことは、わたしの「意地」？②

『千年の釘にいどむ』（小5）日本語先行学習			2009.8.7
	75	T	それでも（学校の決まりでも）さぼっちゃう子いるんじゃない？
	76	S	うーん
→	77	T	どうしてSちゃん逃げなかったの？　だって言ってたじゃん、他の子は、50メートル泳ぐ子もいるんでしょ？　だけど、わたしと女の子もう1人だけ、25メートルだったんだけど、とか言ってたじゃん、／言ってたじゃん。
	78	S	／やんなきゃいけないって言ってたから。
			（中略）
	88	SM	你想吧，为什么呢？【自分で考えなさい、どうして？】
→	89	S	为什么？ 就是旁边的，要是你＃＃【どうしてって、そばで泳いでいる人が、もし＃＃】
			（中略）
	97	T	記録がなくなっちゃったら、どんなふうに感じるの？
→	98	S	(0.5) え、やんなきゃいけないことができなかった。
	99	T	やんなきゃいけなかったからかなあ。多分違うと思うよ。この、意地っていうのは自分で考えることなのよ、先生に言われたからじゃなくて、(1)先生に言われたからじゃなくて(0.5)、自分で考えたことだと思うよ。Sちゃん、その、記録会に行く前に、わたし、この間驚いたんだけど、25メートル泳げるようになったんでしょ？
	100	S	うん。
	101	T	どうして、どうやって泳げるようになったの？
	102	S	練習した。
	103	T	したんでしょ。ずいぶん練習したでしょ。
	104	S	ふふ《SMの方を見て、笑う》

第5章　研究1：生活体験（家庭での体験／日本の学校での体験）を基盤とする概念発達の分析

	105	T	それ、先生が泳ぎなさいって言ったから泳いだのかもしれないけれども、先生が泳ぎなさい、泳ぎなさい、頑張りなさいって言ったって（1）、その生徒がこうやって、動かなかったら（1）、できるようにならないのよ。
	106	S	《頷く》
	107	T	だけど、Sちゃんは泳ぎましたね。
	108	S	《頷く》
	109	T	うん。
→	110	SM	你想去？ 为什么？【（記録会に）行きたかったからでしょう？ どうして？】
	111	S	不知道。【分からない】
→	112	SM	怎么不知道呀？ 就想，那么多练多练，自己努力的结果让大家看一看。【どうして分からないの？ あんなにたくさんたくさん練習して、／自分の努力の成果をみんなに見てもらいたかったからでしょう？】
→	113	S	想，想，就想，我只是想，就是，一天比一天快。　　　　　　【／思っていたことは、思っていたことは、ただ、わたしはただ、1日また1日速くなりたいってこと】
	114	SM	阿，你只是想【あー、そんなふうに思っていたのね】
	115	T	でしょ？ でしょ？ それが大事なことでしょ？ それが大事なことじゃない。／日本語で言ってみてごらん？
	116	SM	这个　　　　　【／そういうことなのね】
	117	S	速くなっているから
	118	T	そうでしょ？ ねえ、一生懸命練習して（1）、一生懸命、ここが大事なのよ。

　全員参加しなければいけないと先生が言ったとしても、「さぼる子もいるのではないか？ なぜSちゃんは逃げなかったのか？」（75T, 77T）とTが問うと、Sはまだ自分の気持ちを問い直すのではなく、「やらなければいけなかったからだ」（78T）と答える。ここで、「50メートル以上泳げる児童もいるけど、Sともう1人の女児だけがやっと25メートル泳げるようになった」（77T）ということを覚えておきたい。これに関することが後の発話に現れるからである。Sはスポーツがあまり得意ではないことをすでに述べた。このときの水泳特別訓練でも、多くの児童が50メートル以上泳げる中、もう1人、Sと同じようにあまり泳ぎが上手ではない女児がいて、Sはこの女児といつも一緒のコースで泳いでいたと、この日以前に、SはTに話していた。

76

その後も、TとSMがSに水泳の頑張りと意地を結び付けてほしいと働き続けるものの、Sの方ははっきりしない返答を繰り返すというやり取りが続く。これらのやり取りの中で注目すべき部分は、SMに「どうして（頑張ったの）？」と聞かれて、やはりSが一緒に泳いでいたあまり泳ぎが得意ではない女児のことを気にしていたことが分かる発話である（88SM, 89S）。また、Tに「（水泳の）記録がなくなっちゃったら、どんなふうに感じるの？」（97T）と聞かれて、Sが再び「（自分の気持ちではなく）やらなければならなかったから」（98S）と答えたのに対し、Tが「意地というのは先生に言われたからやることではなくて、自分で考えてやることだ」（99T）と説明したやり取りがある。Tの働きかけは続く。「25メートル泳げるようになったのは、S自身が練習したから。いくら先生に言われてもその生徒が動かなければ泳げるようにはならない。なぜ、Sは頑張れたのか？」（101T–105T）などである。しかし、Sの反応は頷くのみであった（106S, 108S）。

　変化が見られたのは、TとSのやり取りをしばらく聞いていたSMが、「あなたは記録会に行きたかったんでしょう？　それはなぜ？」（110SM）と母語で働きかけに加わってからである。Sが「分からない」（111S）と消極的な返答を続けるため、SMは「努力の成果をみんなに見せたかったからでしょう？」と代弁しようとする（112SM）。それが呼び水となり、SMの代弁を打ち消すように、Sは「思っていたことは、思っていたことは、わたしはただ、1日また1日速くなりたいってこと」と答えた（113S）。それは、112SMの発話が終わるのを待ちきれずに、「思っていたことは、思っていたことは」と発話を重ねたものだった。Sの頑張りを支えたのは、人に成果を見せたいからではなく、ただ速くなりたいという無欲な思いであった。それを聞いてSMは、「そういうことか」（116SM）と受け止める。

　ようやく得られたSのはっきりした返答を機に、Tが日本語に戻し、「わたしはただ、1日また1日速くなりたいと思っていた」（113S）の発話がワークシートの解答へとつながるように「それが大事なことでしょ？」（115T）と働きかけを再開する。会話例1-6で続くやり取りを見てみよう。

第5章　研究1：生活体験（家庭での体験／日本の学校での体験）を基盤とする概念発達の分析

〈会話例1-6〉 水泳記録会に参加したことは、わたしの「意地」？③

			『千年の釘にいどむ』（小5）日本語先行学習	2009.8.7
→	126	T	一生懸命頑張ったから、どうしたいの？	
→	127	S	ええと、／記録を伸ばしたい。	
	128	SM	要看进步吧？【／進歩したのを見せたかったんでしょう？】	
→	129	T	伸ばしたい、ねえ、記録を伸ばしたい。(0.5) だって、泳ぐの、どうですか？ 楽ですか？	
	130	S	《首を横に振る》(笑)	
	131	SM	(笑)	
	132	T	苦しいでしょ？	
	133	SM	很累。【疲れるわよね】	
	134	T	苦しいでしょ？ 疲れちゃうよね。25メートル何本ぐらい泳ぐの？	
	135	S	1本。	
	136	T	あー、っていうか、練習のときはどれくらい泳ぐの？	
	137	S	練習のときは、えっと (2)、／並んで、並んで泳いで	
	138	T	／並んで何回ぐらい泳ぐの？ 25メートル	
	139	S	(3) 7回くらい	
	140	T	そんなに泳ぐんだね、すごいね。(SM：嗯【うん】)途中で足ついちゃうことある？	
	141	S	(笑) うん、ある。	
	142	T	それでも、途中で休んじゃうこともあるけど、そこからまた、よいしょって泳ぎ始める。	
	143	S	《頷く》	
	144	T	プールの終わりまで。	
	145	S	うん。《頷く。SM の方を見る》	
→	146	T	偉いねー。何でそこでやめちゃわないの。	
→	147	S	(0.5) ／後ろの人が	
	148	T	／後ろの人に迷惑だけど、(S：迷惑だ)、だけど？	
→	149	S	(0.5) 達成できなくなるから。	
→	150	T	うんうん、そうそう、今日の自分よりも、あ、昨日、前に泳いだときよりも、今日泳ぐ方が？	
	151	S	(1) ええと	
→	152	T	どうなりたいの？	
→	153	S	ええと、(1) もっと泳げるようになりたい。	

78

	154	T	そうそう、もっと泳げるようになりたい。もっと速く泳げるようになりたい、もっと上手に泳げるようになりたい、もっと強く泳げるようになりたいからでしょ？
	155	S	うん《頷く》
→	156	T	うん、いつも、もっと、前の自分よりも、（1）どう思うの？
→	157	S	強くなりたい。
	158	T	強くなりたい。（1）それが意地ですよ。

　Tは、Sからことばを引き出しつつ最後に「強くなりたい、それが意地ですよ」とまとめる（157S、158T）。しかし126T以降を詳細に見ると、Tの誘導性が強いことが分かる。「一生懸命頑張ったから、どうしたいの？」（126T）⇒「記録を伸ばしたい」（127S）、「前に泳いだときよりも、今日泳ぐ方がどうなりたいの？」（150T, 152T）⇒「もっと泳げるようになりたい」（153S）、「前の自分よりも、どう思うの？」（156T）⇒「強くなりたい」（157S）といった具合である。

　このTとSの間のやり取りからは、Mehan（1985）で明らかにされた、教師と生徒の間で生まれる典型的な教室談話の構造が見て取れる。それは「教師の開始（Initiation）―生徒の応答（Reply）―教師の評価（Evaluation）」という構造で、頭文字をとってIRE連鎖と呼ばれ、教室談話の分析視点として様々な研究に援用されている。上のやり取りの中では、最初の部分の126Tから128Tなどが、下に示すように、IRE連鎖になっている。

　1）教師の開始（Initiation）：
　　「一生懸命頑張ったから、どうしたいの？」（126T）
　2）生徒の応答（Reply）：
　　「記録を伸ばしたい」（127S）
　3）教師の評価（Evaluation）：
　　「伸ばしたい、ねえ、記録を伸ばしたい」（128T）

　教師は目指す応答が生徒から得られないとき、「教師の評価（Evaluation）」を省いて、再度「教師の開始（Initiation）」を行い、目標達成まで繰り返すこともある。下の150Tから154Tなどが、それに当てはまる。

第5章　研究1：生活体験（家庭での体験／日本の学校での体験）を基盤とする概念発達の分析

1）教師の開始（Initiation）：

　　「前に泳いだときよりも、今日泳ぐ方が？」（150T）

2）生徒の応答（Reply）：

　　「ええと」（151S）

3）再度、教師の開始（Initiation）：

　　「どうなりたいの？」（152T）

4）再度、生徒の応答（Reply）：

　　「もっと泳げるようになりたい」（153S）

5）教師の評価（Evaluation）：

　　「そうそう、もっと泳げるようになりたい」（154T）

　ここでTはIREのパターン、あるいはIRのパターンを繰り返している。こうした教師主導のやり取りからは、Sの水泳の体験を「意地」と結び付けようというTの強い誘導性が窺える。

　しかし一方で注目されるのは、Sが誘導されるばかりではない自発的な発話を見せたことである。「なぜそこでやめちゃわないの？」（146T）というTの問いに対し、Sは後ろから泳いでくる人を気にしていたと吐露した（147S）。この後ろの人とは、会話例1-5の77Tと89Sで話されていた、Sと同じように泳ぎがあまり得意ではないが、一緒に頑張って泳いだ友だちのことである。これらの発話から、やり取りを通じて2人の大人、特にTは、盛んにSの水泳の頑張りを「意地」と結び付けようとしたが、Sは本心では納得できなかったと察せられる。無心に泳いだこと（会話例1-5：113S）と、友だちの存在（会話例1-5：89S, 会話例1-6：147S）が、Sの頑張りを支えた率直な気持ちだったのであろう。鍛冶職人とSの父親は紛れもなく「職人の意地」をかけて仕事に精進する人であるが、まだ小学校5年生のSの頑張りとはレベルが違う。自分のことは却って分かりにくいという面もあろう。ただし、夏休みの体験が教科学習の中で他者とともに価値付けられ、Sの心の底から湧き出たことばで捉え直されたことは確かである。しかし、S、鍛冶職人、「意地」が結び付いたかどうかは疑問が残った。そのプロセスを図5-3に示す。

　会話例1-4から1-6は日本語先行学習であるが、母語への切り替えがSの本当の気持ちを探り当てるきっかけとなったことが注目される。支援

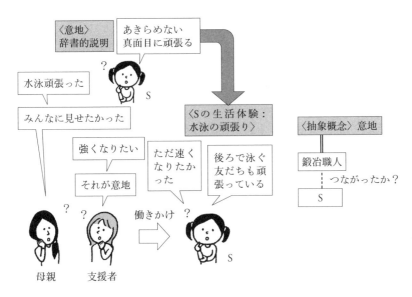

図5-3 〈会話1-4、1-5、1-6〉子ども自身の生活体験は抽象概念「意地」につながったか？

者(以下、Tから支援者に戻す)も母語に切り替え、母親が母語で働きかけるのを後押しした。小学校5年生という年齢を考えると、支援者よりも母親の一言が子どもの本当の気持ちを呼び覚ます強い力をもっているというのも頷ける。一方でやり取りは自然に日本語に戻っており、日本語と母語が融合した概念理解の過程が示されている。

5.4　研究1：まとめと考察および課題

以上のように、生活体験を基盤とし、抽象概念との統合を図った母語先行学習および日本語先行学習のやり取りを記述・分析してきた。どのような概念発達の様相が認められただろうか。

まず、母語先行学習においては、抽象概念(「親方」および「意地」)が子どもの生活体験(子どもが普段目にしている父親の姿)に裏打ちされて理解される過程、すなわち「生活体験(生活的概念)と抽象概念(科学的概念)の統合」の過程が認められる。教材文の鍛冶職人は昭和の薬師寺再興で釘の製作を担当した。日本の伝統文化の担い手である鍛冶職人の「意地」

を理解することは、異なる文化的・歴史的背景をもつ言語少数派の子どもにとって容易なことではなかろう。しかし、Sがいつも目にしている調理師の父親の姿と結び付くことによって、「職人の意地」を仲立ちに、文化的・歴史的隔たりをうまく縮めることができたと考えられる。

　一方、日本語先行学習においては、2人の大人は盛んに子どもの水泳の体験を「意地」と結び付けようとしたが、子ども自身の理解もそうであったかは疑問が残った。しかし、子どもの理解の中で結び付かなかったとしても、接点が探られる過程で、体験と抽象概念との摺り合わせが行われたことは確かである。また、夏休みの体験が子どもの心の底から湧き出たことばで捉え直されたことも確かであろう。こうした過程は、「分からないままで放っておく」ことや「表面的理解」ではない、経験という土台の上に築かれる実感をもった理解、つまり「身をもって理解すること」（中村2010: 157）の一例と看做してよいだろう。

　こうした体験と抽象概念とが統合される過程で、特に母語先行学習を通じて、子どもの概念理解が広がっていく様子が認められた。子どものもともとの概念理解「親方」は狭いものだったが、発達の最近接領域におけることばのやり取り、すなわち、2人の大人が働きかけ、それに対し子どもが応答を重ねる中で、概念が変化し、広がっていく様子が認められた。父親と結び付いた、職人としての「意地」についても、子どもが想像力を発揮したり、自分の知っている概念と摺り合わせたりしている様子が認められた。具体的には、子どもの最初の理解は「親方は弟子をもつ人」のように狭いものであったが、2人の大人がもたらした「長く受け継がれた技能の先生」「経験豊か」「尊敬される存在」「高い志をもつ」といった概念とも相まって、子どもの父親と「親方」および「意地」という抽象概念とがつながっていった。こうした概念をめぐる変化と広がりが、研究1の分析から得られた概念発達の様相である。

　以上のような分析結果のまとめを踏まえ、教育現場への示唆を考察する。

　第一に、言語少数派の子どもの家庭における生活体験を基盤とする概念発達の意義である。日本語を母語とする子どもたちにとっても、抽象概念（科学的概念）を具体的な経験に裏付けて理解することは容易ではない（田島2010, 2011）。言語少数派の子どもの場合、後半の日本語先行学習

で話された水泳の体験のように、来日後の日本の学校での生活は、日本語を母語とする子どもとさほど違いはないと思われる。しかし家庭での経験は、来日前はもとより、来日後も多くの場合母語や母文化に根差しており、日本語を母語とする子どもたちとは異なる視点が必要であろう。それゆえ多様な言語的・文化的背景をもつ彼らに対しては、その多様性が活かされる学習が考慮されなければならない。日本の生活と学習を前提としている教科学習では、言語少数派の家庭で見られる日常の営みなど、学習に役立たないと見過ごされがちではないだろうか。しかし研究1の分析は、言語少数派の家族のありのままの生活が捉え直されることによって、豊かな概念発達に貢献し得ることを示した。これは彼らの多様性を活かした、実感をもった概念理解の一例と言えよう。まさにMoll（2014: 116）が言うように、言語少数派の家庭から得られた知識や体験は、「実践のための生きている知識（Living Knowledge in Practice）」なのである。

　第二に、こうした彼らの多様性を活かした概念発達を可能とする学習環境について述べる。研究1では、父親に関わる生活体験が抽象的に捉え直される過程で、母親が自身のことばの力を最大限に活かせる母語を介して子どもに語りかけ、子どもがその恩恵を受けていた。また日本語先行学習においても、母親の母語による発話が子どもの心の底から湧き出たことばを誘発した（会話例1-5）。小学校5年生という年齢を考えると、支援者よりも母親のことばの方が子どもの心に強く響いたのも納得できる。ここから、言語少数派の子どもが「身をもって理解すること」（中村2010: 157）を目指すとき、子どもにとって身近な、子どもの日常をよく知る家族などから援けを得られることの重要性が示唆される。子どもを援けるために家族が十分に力を発揮できる媒介語は、多くの場合母語であろう。

　この会話例1-5は、日本語先行学習であるが、こうしたS親子のやり取りを生んだのは、その一つ前の会話例1-4でSが母親の援けを得るために母語に切り替えたのに即応して、日本人支援者も母語に切り替え、Sと母親に日本語の「意地」の概念を母語で説明したことが下地にある。これは、母親の会話参加を言語面で力強く促すものであり、こうした日本人支援者の尽力が母親のSへの積極的な働きかけを生み、Sの本当の気

第5章　研究1：生活体験（家庭での体験／日本の学校での体験）を基盤とする概念発達の分析

持ちを探り当てることにもつながったと考えられる。母親の力の発揮には、日本人支援者の協力が背景にあったと考えられる。

　ヴィゴツキーは、子どもの知的能力が他者との共同の中で高度の水準に高まる可能性について言及している（ヴィゴツキー 2001: 301）。言語少数派の子どもに対しては、岡崎（2004）の言う、母語と日本語が連続性をもつ学習環境の下、他者と十分な交流をもつことが子どもの概念発達を最も促し得ると考えられる。日本国内の言語少数派の子どもの教育現場を考えるとき、多くの場合、母語による支援を十分に受けられないのが現状である。上で述べたように、日本語と母語の両言語を介して、子どもが身近な大人などから援けを得られる学習環境の必要性が分かる。

　研究1の事例では、二言語の切り替えは自然に行われており、子どもが混乱する様子は見られず、二言語が融合した概念発達の可能性が示されている。そうした学習の具体例として、母語と日本語の両言語を介して教科学習を行う相互育成学習の有効性が再確認される。

　続いて、支援者の内省的振り返りとして、研究1から得られた課題を二点挙げる。

　一点目は、発達の最近接領域における大人の働きかけに関しての課題である。研究1の分析からは、上でも述べたように、子どものもともとの概念理解は狭かったが、発達の最近接領域におけるやり取りを通じて概念が広がっていく様子が認められた。これは、子どもの独力によって可能な領域を、他者とのやり取りによって広げていると解釈できよう。大人の働きかけは子どもの概念発達にとって不可欠なものであることに疑いはなかろう。

　しかし一方で、日本語先行学習において支援者による誘導性の強い問いかけが見られたように、大人の働きかけはときに行き過ぎ、子どもの納得のいく理解を阻む危険も孕んでいる。この点に関し、秋田は「援助の与え手がどこまで受け手を意識したものとなるかによって、おせっかいや干渉、あるいは与え手側の自己満足のみで終わるか、援助になるかは変わる」（秋田 2000: 86）と指摘している。研究1で明らかになったように、子どもは大人に導かれるばかりの存在ではなく、自ら発達していく力をもっている。働きかける側は、常におせっかいではないか、自己満足ではないかを厳しく自身に問わなければならない。

二点目は、家庭での営みから得られた知識や体験を授業や学習支援に取り入れることの是非である。Mollは、「知識の資産」を取り入れた実践の意義として、学校と言語少数派の家庭が信頼と敬意で結ばれるようになったこと、日常生活で育まれた知識と抽象概念を結ぶやり取りが発達の最近接領域において子どもの発達を促したことを挙げている（Moll 2014: 136）。これは研究1の分析からも言えることである。しかし、家庭での営み、言わばプライベートの部分を公的な学習にもたらすことについては、慎重に注意深く進めなければならない。言語少数派の家庭は、いわゆるグローバル化の負の面を背負い、貧困や病気などの深刻な問題を抱えていることもあり得るからである。Moll（2014）では、こうした言わば「暗い知識の資産（dark funds of knowledge）」に関わる実践例[3]も挙げて議論されている。子どもの家庭に分け入って子どもとその家族を深く理解し、生活文脈と学校文脈との隔たりを埋めることを可能とする教育実践を行うことは、効果が期待でき、有意義なことであるが、それと同時に、安易に踏み込んではならないことも知るべきである。

注　[1]　中略された部分では、Tが「Sはパパには弟子がいないと言っているけど、Sがパパの弟子じゃない？」と冗談を言っている。

　　[2]　この中略された部分では、その前にTが話していた「意地のいい意味と悪い意味」（47T, 49T）に関連して、SMが「悪い意味の意地は、勉強を真面目にやらないこと」と冗談を言っている。

　　[3]　本研究の目的とは方向性が異なるため、ここで詳しく言及しないが、困難を抱えた言語少数派の高校生を対象に、社会の公平性に対する認識や批判的思考を育成したというオーストラリアとアメリカの実践が例示されている。

第6章 研究2：母国での体験を基盤とする概念発達の分析
―― 子ども Y の場合

6.1 分析のための視点

　研究1では、対象の子ども2人のうちSを対象に、家庭での体験と日本での体験を基盤とする概念発達の様相を探った。

　本章では、研究2として、もう1人の子どもYを対象に、母国での体験を基盤とする概念発達の様相を探る。研究1で分析したSの夏休みの水泳の体験のように、言語少数派の子どもは日本に来てから地域や学校で様々な体験を積む。しかし、忘れてはならないのは、彼らは来日前母国で様々な経験をしていたし、来日後一時帰国をすることもあるということである。そう考えると、一般的な日本人の子どもよりも文化的・社会的、あるいは空間的に多様かつ広範な体験をもっていることが想像される。わたしたちは今目前の彼らの日本での学習や生活に目が行きがちであるが、彼らの母国、あるいは故郷での体験とはどのようなものだろうか。そして母国での体験を基盤とする学習では、どのような概念発達が見られるのだろうか。

　多様な背景をもつ言語少数派の子どもの体験に着目した書く活動に関わる先行研究として、研究2の参考となるのは「アイデンティティー・テクスト（identity text）」（Cummins & Early 2011）の理念である。これは、カナダで行われたプロジェクトの一部として行われた教育実践を土台に生まれた理念である。土台となった教育実践は、多様な背景をもつ子どもが母国を離れて入国したときの体験などを活かして、絵本やポスター、ビデオなど様々なタイプの作品を創作するというものである。家庭言語と授業言語の両方を使って何らかの書く活動を行うことから、マルチリ

テラシー育成を目指すものであるが、「アイデンティティー・テクスト」の理念の根幹は、作品創作の過程で子どもたちが自己のアイデンティティーを作品に投影させることによって自己肯定感を高めるという点にある。また、様々な人的リソース（教師や家族、同じ母語を話す年上の子どもたちなど）との接触を通じて、子どもたちは作品に投影された自己のアイデンティティーを再確認することができる。

　この実践から、研究2の分析のための視点として三つの点が示唆される。

　第一は、移住の体験や家族のルーツなどの言語少数派の子ども特有の文化的・社会的体験が作品のテーマとなっていることである。この実践から着想を得て、研究2では、言語少数派の子どもが多様な背景をもつことを念頭に、日本とは文脈が異なる状況下での体験、つまり母国（故郷）での体験に着目する。

　第二は、母語を介して話すことができる人々とのやり取りが学習を進める鍵として重視されていることである。これは、子ども、子どもの母親、日本人支援者による二言語を介した発達の最近接領域におけるやり取りを注視し、それが概念発達を促すと捉えている本研究と同じ見方に立つと言える。

　第三は、ビデオ製作のときのスクリプトなども含めて何らかの「書くこと」を含む作品を作成している点である。研究2では、子どもが故郷で教材文の主人公たちと同じような体験をしたと話したことから、その体験を作文に書いて教材文の世界を追体験した事例を分析する。子どもの体験を基盤に作文を書く過程では、どのような概念発達の様相が見られるだろうか。

　次節において、ヴィゴツキーの知見を参照しながら、書く過程における子どもと支援者とのやり取りを分析するための視点と研究課題を結び付ける。

6.2 研究課題

　ヴィゴツキーは、「ことばは、はじめは、もっとも初歩的なタイプの一般化である」（ヴィゴツキー 2001: 229）と述べる。これは、個人の内面にあ

る「ことばにならない何か」、すなわち様々な感情や考えなどを「ことば」に置き換えることは、それ自体が「一般化（抽象化）」の過程を経るということを意味する。わたしたちは内面にあるものを言語化するとき、他の人に理解してもらうために、すでに人口に膾炙されている「一般的な意味」をもっている「ことば」の中から、一番ぴったり合うものを選択しているからである。

　そのように考えると、子どもの体験を作文として書くという行程では、「子どもの頭の中にある故郷での記憶や思い出」を「ことば」にすること自体が、初歩的な一般化あるいは抽象化を要求する作業だと言える。言い換えれば、体験を言語化することは、他の人との共通理解が可能なかたちに変換するために、一般化（抽象化）された概念を選び取っていく過程であると言えよう。

　こうした子どもの体験の言語化に関して、ヴィゴツキー理論を背景とする、日本人児童を対象とした国語科の授業実践（川田 2014）を参考としたい。川田のデザインした小学校4年生の国語の授業は、教材文と作文指導を連動させたものである。その手順は、①子どもが生活体験（生活的概念）を題材とする作文を書く⇒②授業で教材文を教師や他の児童たちと読むことを通して、教材文の優れた表現方法を学んだり教師から表現スタイルなどのアドバイスを得たりする（科学的概念へのアクセス）⇒③それらを反映させて修正作文を書くというものである。川田は、子どもの中にあった「ことばにならない何か＝書き表す内容」が、教材文と教師とのやり取りから「表現スタイル」を得ることによって言語化され、表出してくる様子が見られたと考察している。上で述べた「子どもの頭の中にある、故郷での記憶や思い出の言語化」は、川田の言う「ことばにならない何かの言語化」の一例だと考えてよい。そしてその言語化は、教材文から表現を学び取ったり教師から表現スタイルを提案されたりすることによって表出が促されたという。これを本研究の文脈に応用すれば、教材文を読み、それを追体験する作文を書く中で、発達の最近接領域における支援者と子どものやり取りが言語化を促すというように解釈できよう。

　こうしたことを踏まえると、研究2で分析する体験を言語化する他者とのやり取りの中に、体験の記憶やそのときの気持ちに一番合う概念を

第6章　研究2：母国での体験を基盤とする概念発達の分析

89

もつことばを選び取っていく過程、すなわち初歩的な概念の一般化・抽象化の様相が可視化できるのではないかと考えられる。瞬時に相手に対して発せられる話しことばと比較して、書くという活動においては、概してより厳密に概念を選び取る必要があり、そうした書く活動を分析することによって概念を選び取る過程が可視化できると考えた。

第3章の始めで定義したように、本研究における概念発達とは、生活体験と抽象概念が統合される中で、どのように概念（ことばの意味）が変化する、あるいは広がっていくのかを指す。上で述べたように、体験を作文に書くという言語化の行程は概念を選択する過程であり、そこから初歩的な概念の一般化・抽象化が促される様相を見ることができると考えられる。そこで、研究2では概念発達を「体験が言語化される（＝概念が選択される）ことによって一般化・抽象化される過程」と応用することとする。これは、具体的な体験が言語化され、抽象化が促される過程を捉えることであり、「生活体験と抽象概念との統合」と基軸は同じであると考える。

第3章で述べた、以下の研究2の研究課題に答えるかたちで体験が言語化（一般化・抽象化）される過程を見ていくことにしたい。

〈研究2〉

RQ2：母国（故郷）での体験を基盤とする学習（作文を書く過程）の中で、どのような概念発達が見られるか

研究課題と、前節で述べた先行研究から得た三つの視点、特に上で述べた研究2における概念発達の定義とのつながりを述べると、次のようになる。言語少数派の子どもの多様な背景を反映し得る故郷での体験を作文に書く学習を焦点化し、体験の言語化（＝概念が選択されることによって一般化・抽象化される過程）を、発達の最近接領域におけることばのやり取りを注視しながら分析するということである。

6.3 | 分析対象とするデータ

言語少数派の子どもの故郷での体験を基盤とする概念発達の様相を可

視化するために、国語教材文『大造じいさんとガン』（小学校5年生）の学習から得られた会話データを分析する。『大造じいさんとガン』は、老狩人の「大造じいさん」が昔を振り返り、鳥とは思えない知恵と統率力をもつガン（雁）の頭領「残雪」を何とか仕留めようと戦った日々を語る物語文である。数年に渡る知と技を尽くした戦いを通じて、大造じいさんと残雪との間には、人間と動物という境界を超えた、ある種の友情が生まれる。

　相互育成学習でこの教材文に取り組み、Yは大造じいさんと残雪の物語に非常に興味をもち、実感をもって読んでいたことが分かった。日本語先行学習のまとめとしてワークシートに取り組んでいたとき、支援者が「あなたは大造じいさんの行動をどう思いますか。大造じいさんの気持ちが分かりますか」と問いかけたところ、Yが「分かる。わたしも同じようにニワトリと戦ったことがあるから」と答えたことがきっかけであった。Yに詳しい話を聞いてみると、この学習の約1か月半前に故国中国に里帰りしたとき[1]、確かに教材文のストーリーによく似た体験をしていたことが分かった。そこで、日本人支援者はこのYの故郷での体験を教材文と結び付けたいと考えた。

　研究1は日本人支援者が実践前に学習デザインを設定し実行したものであったが、研究2は、このように子ども自身が故郷での出来事を話したことから、偶発的あるいは後発的に生まれたもので、日本人支援者が実践前にデザインしたものではなかった。また、子どもが数週間里帰りした関係で、相互育成学習の学習支援の時間が十分にとれず、母親が参加する母語先行学習が行うことができなかった。次の表6-1は、学習支援の流れと分析データを表したものである。上で述べたように里帰りした関係で、学校での日本語指導の時間に、母語先行学習と日本語先行学習を以下のように行った。母語先行学習は音読と内容理解を簡単に行ったのみであった。日本語先行学習では、音読、読解、ワークシートに取り組んだ後、体験を活かした作文を書いた。学習の参加者は、Yと日本人支援者の2人である。

　データ採取時のYは、小学校5年生で10歳9か月、日本に帰国し小学校に編入してから約2年3か月経過していた。

第6章　研究2：母国での体験を基盤とする概念発達の分析

表6-1　Yに対する『大造じいさんとガン』学習支援の流れと分析対象データ

	実施日	母語／日本語	内容
1回目	2012.10.18	母語先行学習	母語訳文音読と内容理解①
2回目	2012.10.25	母語先行学習	母語訳文音読と内容理解②
3回目	2012.11.8	日本語先行学習	教材文音読と読解①
4回目	2012.11.15	日本語先行学習	教材文音読と読解②／日本語ワークシート
5回目	2012.12.4	日本語先行学習	作文「ニワトリの頭領との戦い」前半
6回目	2012.12.13	日本語先行学習	作文「ニワトリの頭領との戦い」後半

　分析対象のデータは、作文を書くためにYと日本人支援者が口頭でやり取りをしているところを録画したビデオの文字化データ（約43分）である。完成した作文（約1750字）も例示する。会話データは上の表6-1の5回目（2012年12月4日）に採取されたもので（網掛け部分）、作文はこの日に8割ほど書かれ、6回目で最終部分にもう一段落加えられて完成する。

　ここでYに対する作文指導の手順について述べる。Yは1人で書く作業が苦手なため、支援者はよく次のような「書くプロセスに働きかける支援」を行った。具体的には、支援者は質問によってYの発話を促しながら、Yとの対話の結果を逐次メモに書きとめ、文として構成していく。会話データのT（支援者）の発話の中に《書く》というのが随所にあるが、それは、発話をもとに文を書いていることを指す。例えば、書き方の大枠（次にどんなことを書くべきか、どのようなことを詳しく書くべきか）を適宜考えながら、質問によってYの頭の中にある体験を引き出す。そして、Yが応答したことばを核に、適宜支援者からも表現が提案され、Yの反応を見ながら、文が作成されていく。さらに順序を組み変えたりしながら、最終的に構造化された作文に集約される。支援者がまとめた文を下書きとしてYに提示し、Yはそれを見て清書するという流れである。このように、研究2の「作文を書く活動」では、口頭のやり取りを書きことばに変換し、作文としての形式を整えるなどの作業は主に日本人支援者が行っている。支援者が書く過程に働きかける側面が強く、子どもが1人で作文を書く一般的な書く活動とは異なる活動である。

　分析対象として取り上げるのは、このような手順で進められた学習から得られた会話データである。子どもと支援者による口頭のやり取りを、上で述べた視点、①体験の言語化（＝概念を選び取っていく過程）、②発

達の最近接領域におけるやり取りに照らして質的に分析していく。

　会話データは日本語先行学習のものであるが、YもTも、日本語から中国語に切り替える場面が頻繁に見られる。相互育成学習は、母語先行学習のときも日本語先行学習のときも、母語と日本語の両言語を話す支援者が同席する場合が多いため、両言語間で意図的にあるいは無意識に切り替えられることがある。この『大造じいさんとガン』の日本語先行学習では、直前にYが里帰りしたこともあり、日本語から母語への切り替えが特に多く見られる。こうした切り替えの意義については、分析と考察で触れる。

6.4 分析結果

6.4.1 分析結果の概要

　分析の結果、故郷での体験を基盤とした作文は、「背景説明の言語化」「ニワトリの特徴の言語化」「名前の由来の言語化」「戦うきっかけの言語化」「作戦の考案、実行、結果の言語化」「登場人物に対する共感の言語化」「母親と共有したい気持ち」から構成されていることが分かった。これらのうち、特に前半部分のやり取りの中で、発達の最近接領域における興味深いやり取りが認められた。そこで、6.4.2項を「言語化の過程と発達の最近接領域におけるやり取り」とし、四つの部分「背景説明の言語化 (6.4.2.1)」「ニワトリの特徴の言語化 (6.4.2.2)」「名前の由来と戦うきっかけの言語化 (6.4.2.3)」「登場人物に対する共感の言語化および母親と共有したい気持ち (6.4.2.4)」に分け、概念発達の様相を可視化する。

　次頁の表6-2は作文の構成と分析する会話例の対応表である（会話例2-5と2-6は順番が前後している）。

　会話例の分析に続いて、6.4.3項で作文「ニワトリの頭領との闘い」全文を例示し（表6-3①と②）、6.5節において、研究2のまとめと考察を行う。

第6章　研究2：母国での体験を基盤とする概念発達の分析

93

表6-2　作文の構成と会話例の対応表

項	作文の構成部分	分析する会話例
6.4.2.1	背景説明の言語化	会話例2-1：背景説明の言語化
6.4.2.2	ニワトリの特徴の言語化	会話例2-2：ニワトリの特徴の言語化① 会話例2-3：ニワトリの特徴の言語化② 会話例2-4：ニワトリの特徴の言語化③
6.4.2.3	名前の由来の言語化	会話例2-6：名前の由来の言語化
	戦うきっかけの言語化	会話例2-5：戦うきっかけの言語化① 会話例2-7：戦うきっかけの言語化②
6.4.2.4	登場人物に対する共感の言語化 母親と共有したい気持ち	会話例2-8：登場人物に対する共感の言語化 および母親と共有したい気持ち

6.4.2　言語化の過程と発達の最近接領域におけるやり取り

6.4.2.1　背景説明の言語化「わたしもニワトリと戦った」（会話例 2-1）

　会話例2-1は、この日の学習の始まりの部分であり、教材文とYの体験の接点が確認される。ここでは、「6.3分析対象とするデータ」で説明したように、TはYの自発的発話やTの質問に対するYの回答などを適宜メモに書きとめ、それをもとに下書きとなる文を作っていく。会話データの中の《書く》は、Tがメモに書いていることを示している。つまり、TとYとの対話によって、体験がまず口頭で言語化され、それをTが文章化していくという手順である。

〈**会話例2-1**〉　背景説明の言語化「わたしもニワトリと戦った」

『大造じいさんとガン』（小5）日本語先行学習			2012.12.4
→	1	T	『大造じいさんとガン』を読んだとき、とても面白いと思った。なぜ？
→	2	Y	えー、だって、わたしも作戦で
	3	T	そうだね。とても面白いと思った。はい、なぜなら、10月に、ふるさとに、帰っ／たとき《書く》
	4	Y	／たとき
	5	T	わたしも？
	6	Y	わたしも
	7	T	どうした？（1）わたしも
	8	Y	わたしも、／同じ

→	9	T	／同じように（1）どうしたの？
→	10	Y	ニワトリと／戦った。
	11	T	／そう（笑）ニワトリと
	12	Y	（笑）戦った。
	13	T	ニワトリと戦ったからだ。そうだね。《書く》
	14	Y	ふふふ。
	15	T	《書いた文を読む》とても面白いと思った。なぜなら10月にふるさとに帰ったとき、わたしも同じようにニワトリと戦ったからだ。

　上のやり取りによって、どのような文が作成されたかを見てみる。「『大造じいさんとガン』を読んだとき、とても面白いと思った。」（1T）、「なぜなら10月にふるさとに帰ったとき」（3T）、「わたしも、同じ」（8Y）、「ニワトリと戦った」（10Y）をもとに、「わたしは『大造じいさんとガン』を読んだとき、とても面白いと思った。なぜなら10月にふるさとに帰ったとき、わたしも同じようにニワトリと戦ったからだ。」（「とても面白かった」以降は15Tの発話に含まれている）という文が出来上がった。これが、作文の冒頭の文となる。こうした手順を積み上げて、一編の作文に集約させていく。

　会話例2-1は、Tの発問に対してYが応答するというやり取りの連鎖が見られる。「面白いと思ったのは、なぜ？」（1T）に対して「だって、わたしも作戦で」（2Y）、「どうしたの？」（9T）に対して「ニワトリと戦った」（10Y）といった具合である。このやり取りからは、Mehan（1985）で明らかにされた、教師と生徒の間で生まれる典型的な教室談話の構造が見られる。研究1でも触れたが、「教師の開始（Initiation）―生徒の応答（Reply）―教師の評価（Evaluation）」という構造で、頭文字をとってIRE連鎖と呼ばれている。ここでは、支援者の評価（Evaluation）を含まない、支援者の開始（Initiation）→子どもの応答（Reply）のやり取りも見られる。こうしたIR連鎖も教室談話によく見られるパターンである。研究2のやり取りでは、TとYとの間で、こうしたIRE連鎖（あるいはIR連鎖）のパターンが多く見られる。

　このように、まず会話例2-1では、教材文「大造じいさん」とYの故郷での体験の接点が言語化された。やり取りは、Tが主導するIREあるい

第6章　研究2：母国での体験を基盤とする概念発達の分析

95

はIRのパターンが基本で、Tが発問することによって、体験を「ことば」に置き換えた応答がYから引き出されるというものである。これは、Tの意図をもった発問によって、「わたしも作戦でニワトリと戦った」（2Yと10Y）のように「Yの頭の中にあった体験」が言語化されていく、つまりヴィゴツキーの言う「ことばへの置き換えというもっとも初歩的な一般化・抽象化」（ヴィゴツキー 2001: 229）の過程と解釈できる。このように、以下に分析する会話データでは、体験をことばに置き換える、つまりぴったり合う概念を選択していくことによって、他の人も理解できるベースにもっていくという「言語化＝概念の一般化・抽象化」が積み重ねられる。

　また、会話例2-1では、作文の冒頭として相応しい内容（この出来事の背景説明）をTが質問によって引き出している。Yは作文を書くことが苦手で、1人では最初に何を書いたらよいのか分からないのである。こうしたやり取りを発達の最近接領域の視点から見ると、YがTの援けを得て体験を言語化している、つまり1人では難しい課題を他者の援けを得ることによって解決していく様子と理解できる。

　続くやり取り（16Y–76Y：データは省略）では、体験の背景の言語化が続く。「祖母の看病のために母が一時帰国したため、Yも一緒に里帰りをしたこと」「母が病院に行っていて忙しい間、Yは伯母夫婦が営んでいる養豚場で過ごしたこと」「その養豚場では、ブタの他にニワトリなどの家畜が飼われていたこと」である。

6.4.2.2　ニワトリの特徴の言語化①②③（会話例 2-2、2-3、2-4）
　会話例2-2：ニワトリの特徴の言語化①「偉そうで、首が反っている」
　体験の背景が言語化された後、次の会話例2-2では、Yと戦ったというニワトリに話題を進め、Tが主導してどのような特徴をもつニワトリなのかが言語化されていく。

〈会話例2-2〉　ニワトリの特徴の言語化①「偉そうで、首が反っている」

『大造じいさんとガン』（小5）日本語先行学習			2012.12.4
	77	T	ニワトリは全部で、全部で三十羽ぐらいいる。《書く》はい、その中に？

→	78	Y	その中に、偉そうな
	79	T	偉そうな！ いいね！ 偉そうな、偉そうな《書く》
	80	Y	ニワトリ
	81	T	偉そうな一羽の
	82	Y	ニワトリ
	83	T	ニワトリがいた。《書く》给它起个名字吧！【そのニワトリに名前を付けようよ！】残雪じゃなくて、何か、名前付けられない？
	84	Y	黒い。
	85	T	じゃ、「黒」にしようか、何で「黒」なの？
→	86	Y	えーだって《絵に描こうと紙を出す》
	87	T	ここに描いて。なぜ「黒」なの？
→	88	Y	我画它吧。【そのニワトリの絵を描くね】《絵を描き始める》（T：うんうん）普通のトリはもっと下、首がもうちょっと下。
	89	T	あー、／个子高【背が高いんだ】。
→	90	Y	／《絵を描きながら》で、これ（首）が、なんか、こっち
	91	T	あー、こんな反っている感じなんだ。《首を反らす動作》
	92	Y	うんうん。
→	93	T	首が反っている感じなんだ。

　養豚場には三十羽ほどのニワトリもいる（77T）。その中で一際目を引く一羽がおり、それをYは「偉そうな」（78Y）と表現した。Tはこの「偉そうな」について、Yがニワトリの特徴をよく摑んでいると感じ、「いいね！」と褒める（79T）。

　Tはこのニワトリに教材文中のガンの頭領「残雪」のような名前を付けたいと考えた（83T）。「残雪」という名前の由来について、教材文では「左右の翼に一カ所ずつ、真っ白な交じり毛をもっていた」というように描写されている。Tはこのニワトリに対しても何らかの特徴に由来する名前を付けたいと考えたのである。Tの名前を付けようという提案に対し、Yは「黒い」（84Y）と答える。支援者は、この「黒い」に、このニワトリの特徴、おそらく毛や羽の色が黒いことが関係していると考え、Yに詳しい説明を求める（85T, 87T）。するとYは、ことばで応答するのではなく、絵に描いて具体的な様子を教えようと描き始める（86Y, 88Y）。Yは絵を描くのが得意である。

　しかしYは、毛や羽ではなく、まずニワトリの頭と首を描き始めた

第6章　研究2：母国での体験を基盤とする概念発達の分析

97

（88Y）。絵を描く手順として、それが自然であったからであろう。Tも名前と色のことはいったん脇に置き、Yの描くニワトリを注視する。絵に表れた様子と「普通のトリはもっと下、首がもうちょっと下」（88Y）という説明から、このニワトリは普通のニワトリよりも長い首をもつ、つまり「背が高い」（89T）ということが分かる。Yは「これ（首）が、なんか、こっち」（90Y）とことばでも説明しながら、首が後ろに反っている様子を描き、Tが「首が反っている感じなんだ」（93Y）と言語化する。

　このように会話例2-2では、まずYがこのニワトリの特徴を「偉そうな」（78Y）と明確に言語化したことが注目される。これはよい概念の選択だと、Tが褒めている（79T）。一方で「首が反っている」という特徴については、Yは絵で表現し、それを見たTが提案するかたちで言語化された。Yのニワトリの首についての発話「普通のトリはもっと下、首がもうちょっと下」（88Y）と「これ（首）が、なんか、こっち」（90Y）から察するに、Yは自分がもっている日本語の中にぴったり合う概念をもつ語を見つけられなかったようである。このときYは母語を使って言語化することもできたが、母語でもぴったり合う概念をもつ語が見つからなかったのであろう。

　こうしたやり取りを「発達の最近接領域」の視点から見ると、次のように解釈できる。Yは、「偉そうな」のように、日本語を使って独力でぴったり合う概念をもつ語を選択して課題を解決できるものもある。一方、ニワトリの首の特徴については、日本語あるいは母語を使って独力で十分に言語化することはできなかった。しかし、絵に描いてTに特徴を教えることで、Tからぴったり合う概念をもつ日本語の提案を引き出すことに成功、つまり他者からの援けをうまく引き出すことによって、自ら発達の領域を拡張したという解釈である。

　また2人の相互作用を見ると、Yが絵を描き始めた前と後とでは、異なるパターンのやり取りとなっている。絵を描き始める前の88Yまでのやり取りは、「三十羽ぐらいいるニワトリの中に？」（77T）⇒「偉そうな」（78Y）⇒「いいね！」（79T）のように、基本的にTによる発問⇒Yの応答⇒Tによる評価というIREのパターンで、会話例2-1と同じくT主導のやり取りである。しかし88Yより後は、Yが描いた絵をTに見せてTからぴったり合う概念をもつ表現の提案を引き出すというパターン、つま

りYが主導するやり取りに変わっている。上では、Yが絵を描くことによってTの援けを引き出し、自ら発達の領域を広げていると解釈したが、やり取りの相互作用から見ても、Yが会話を主導するやり取りに変化していることが分かる。

ここで、このときYが描いたニワトリの絵を例示する。絵でイメージを広げつつ、続くやり取りを読んでいただきたい。

図6-1　Yが描いたニワトリ

会話例2-3：ニワトリの特徴の言語化②「高く跳ぶ力」

会話例2-2に続くやり取り（94Y–98Y：データは省略）では、首の特徴に加えて、このニワトリは他のニワトリよりも体が一回り大きいことが言語化される。次の会話例2-3では、体が一回り大きいことを受けて、Tが「背が高くて首がそっくり返っている」という文を書いている最中に、Yが自らターンをとって、このニワトリの他の特徴、すなわち跳ぶ力と美しい鳴き声について話し始める。

〈会話例2-3〉　ニワトリの特徴の言語化②「高く跳ぶ力」

			『大造じいさんとガン』（小5）日本語先行学習　　　　　　　　2012.12.4

	99	T	背が高くて、首がそっくり返っている《書く》、（Y：うん）こう首がそっくり返っている。《首を反らす動作》
→	100	Y	で、跳ぶとね、なんか、跳ぶとね、普通のニワトリよりちょっと高い。あと、このニワトリだけ「コケコッコー」って鳴く。
	101	T	首がそっくり返っている。そして。飛ぶっていってもさあー、不能飞吧？【（ニワトリは）飛べないでしょう？】何て言うか、羽ばたくのね。でもほんとに、不能飞去。【飛んで行くことはできない】ほんとにビューンって飛んでいけないでしょう？《手で飛行するような動作》
	102	Y	でも、でもー、このくらい跳べる。《1メートルくらいの高さを手で示す》
	103	T	あー、びゅーっと《両手で上にジャンプする様子を表す》跳べるんだ、少し跳べるんだ。
	104	Y	こうやって、びゅーって。
	105	T	あ、じゃあ、羽ばたいて何メートルくらい跳べる？
→	106	Y	うーん、このぐらい？《1メートルくらいの高さを手で示す》
→	107	T	羽ばたいて《書く》《Yの動作を見る》1メートルくらい、か。
→	108	Y	普通のトリはね、何度も跳んでもね、うん、このトリはね、普通これで《手で自分の胸くらいの高さを示す》、もっと大きいのは、ちょっと、こっち《さっきより15cmくらい高い位置を示す》
	109	T	ふんふん。
→	110	Y	普通のトリはね、頑張ってもこれくらい、ちょっと下。《低めの高さを手で示す》
	111	T	そうか、いいねー！　普通のトリは、普通のニワトリは頑張っても、いいねー！　頑張っても50センチくらいだ。ねー、せいぜい、ねー、50センチくらいだ。《書く》

　Tが背の高さと首の特徴の文を書いているときに（99T）、Yが自発的にその他の特徴、跳ぶ力と鳴き声について話し始める（100Y）。Tは、100Yの発話の間に文を書き終え、早く名前を付けたいと思いながらも、Yの発話を尊重し、Yが新たに挙げた二つの特徴のうち、まず、「とぶ」ことについてYに詳しい説明を求める（101T）。Tは「飛行」の意味での「とぶ」だと思ったが、「跳躍」の「跳ぶ」の方、つまり羽ばたいてジャンプする力であることが分かる（102Y, 103T）。

　Tが具体的に何メートルぐらいかを尋ね（105T）、Yは動作で示し

（106Y）、Tが表現を提案する（107T）。さらにこのニワトリの跳躍力を強調しようと、Yは他のニワトリとの跳躍力の差をまず動作で表現し（108Y）、「普通のトリはね、頑張ってもこれくらい」のようにことばでも表現する（110Y）。ここで発話された「何度跳んでも」（108Y）「頑張ってもこれくらい」（110Y）は、的確で工夫された表現だとTは思い、会話例2-1でYが「偉そうな」（78Y）と言語化したときと同じように、ここでも「いいね！」と褒める（111T）。

　このように会話例2-3からは、名前が付けられなくて「このニワトリ」のままで煩わしいものの、Yの発話が尊重されたことで、Yがいろいろな側面からこのニワトリの特徴を捉えていたことが分かった。ここで話されたのはまず跳躍力についてであった。

　言語化の様子を見ると、まずY自身が「普通のトリは何度跳んでも、頑張っても、これくらい」（108Y, 110Y）と日本語でぴったり合う概念をもつ表現を選択し、明確に言語化できたことが注目される。さらに、Yが動作をTに示して、Tからぴったり合う概念をもつ日本語の表現を引き出しているやり取りも見られる（106Y–107T）。つまり、発達の最近接領域の視点に照らすと、独力で言語化している部分と、他者の援けを得て言語化することができた部分の両面が見られると解釈できる。会話例2-2でYは絵を描いてTの援けを引き出していたが、この会話例2-3では、動作を見せることによって引き出している。

　また、相互作用を見ると、T主導のIREパターン（105T–107Y）と、Yの自発的会話からTの提案が引き出されるやり取り（110Y–111T）、つまりYが主導するやり取りの両方が見られる。この点でも会話例2-2に類する様子が観察される。

会話例 2-4：ニワトリの特徴の言語化③「高く澄んだ美しい鳴き声」

　次の会話例2-4は、会話例2-3の直後の部分で、Yが挙げたもう一つの特徴である、鳴き声について話される。会話例2-3のTの最後の発話（111T）の後半から、鳴き声についてのやり取りが始まるため、111Tから例示する。

第6章　研究2：母国での体験を基盤とする概念発達の分析

〈会話例2-4〉　ニワトリの特徴の言語化③「高く澄んだ美しい鳴き声」

		『大造じいさんとガン』（小5）日本語先行学習　　　　　　　　　　2012.12.4
	111　T	そうか、いいねー！　普通のトリは、普通のニワトリは頑張っても《書く》、いいねー！　頑張っても50センチくらいだ。ねー、せいぜい、ねー、50センチくらいだ。《書く》そのおんどりだけが（1）日本語だと「コケコッコー」っていうんだけど、どんな感じ？
	112　Y	コケコッコー！
	113　T	「コケコッコー」と、ほんとに大きな声だね。《書く》
→	114　Y	うん、もっと大きい、わたしより。なんか、わたしよりもっときれい。
	115　T	びっくりするぐらいの？
→	116　Y	うん。《さっきよりもっと高い大きな声で》コケコッコー！　いや、もっときれい。
	117　T	あ、高い声だ。高声？【高い声？】
	118　Y	うんうん。
→	119　T	「コケコッコー」と、高く澄んだ声だね。高く澄んだ声で鳴くことができる。《書く》
	120　Y	あー、普通のトリはね、一番大きな声でもコッツコッツ。《小さな雛鳥が鳴くような声》
	121　T	（笑）普通のトリの何倍くらいだ？
→	122　Y	ん、で、一羽だけね、探してないけど、時間がなかったから。一羽のトリがね、なんかね、コケコッコーの練習をしている、その声がね、面白いの。コキコッ〜コオオ〜
	123　T	あー、叫不出来。【鳴けない（鳴き声が出ない）んだ】（笑）
	124　Y	うん、くっくっく。（笑）
	125　T	でも、このトリは上手なんだ。
	126　Y	うん。
	127　T	高く澄んだ。ん、じゃあ、他にも練習して、他にも鳴くのを、鳴く練習をしているおんどりがいるけど、##していたおんどりがいたけど、全然《書く》
	128　Y	鳴けない。
	129　T	全然声が通らない。《書く》
→	130　Y	うん。クゥーオーキィコッ〜クッオオ〜！
	131　T	はい、しわがれた声だね。
	132　Y	うん。
	133　T	しわがれた声、うん。《書く》（4）早く名前付けてあげてよ。

　ニワトリの鳴き声をどう言語化し、どのように表記するかは、日本語

の擬音語に慣れていない言語少数派の子どもにとっては、特に難しいことであろう。そこでTは「日本語だとコケコッコーっていうんだけど、どんな感じ？」（111T）のように注意深く尋ねている。Yの最初の答えは、Tが聞いて、日本語で一般的に使われる「コケコッコー」に近いものであった（112Y）。しかしYの内面には、もっと豊かで多様な鳴き声が記憶されており、Yは自分から鳴き声のバリエーションをTに伝え始める。

　Tが「大きい声だね」（113T）と確認すると、Yは自ら「わたしよりもっと大きい、もっときれい」（114Y）とより詳しく説明し、さっきよりもっと美しく「コケコッコー」と演じてみるが、「いや、本当はこれよりももっときれいだった」と力説する（116Y）。116Yの「コケコッコー」は、112Yと比較して、Tの耳には高く響く音に聞こえた。そこでTは、母語の中国語も交えて意味確認しながら「高い澄んだ声」という日本語の表現を提案する（117T, 119T）。

　続くやり取りの中で、Yは、このニワトリほど美しい鳴き声をもっていない、言わば普通のニワトリの鳴き声について、それが鳴く練習をするときの様子を音声も交えて表現した（122Y, 130Y）。その熱演に感心しつつ、Tは母語を介して「叫不出来。【鳴けない（鳴き声が出ない）んだ】」（123T）と確認した。Yも「鳴けない」（128Y）と応答していて、下手なニワトリが鳴く様子をYが母語と日本語の両言語で掴んでいることが分かる。Tはこのように母語も交えて確認しつつ、「全然声が通らない」（129T）「しわがれた声」（131T）などの日本語の表現を提案した。

　会話例2-4からは非常に興味深い言語化の様相が観察される。Yはニワトリの美しい鳴き声を実演して見せるとともに、その美しさを十分に表現するに相応しい概念をもつ表現を探して「（わたしの演じる鳴き声より）もっと大きい、もっときれい」（114Y）「いや、もっときれい」（116Y）と発話を重ねている。これは、ぴったり合う概念をもつ表現をよく考えて言語化している過程と解釈できるのではないだろうか。

　また、やり取りを発達の最近接領域の視点から見ると、Yがニワトリの鳴き声を実演してTに聞かせることによって、Tからぴったり合う概念をもつ日本語の表現の提案を引き出しているのが注目される。会話例2-2では絵を描いて見せること、会話例2-3では動作を見せることが鍵となっていたが、この会話例ではニワトリの鳴き声を実演することによっ

第6章　研究2：母国での体験を基盤とする概念発達の分析

て他者からの援けを引き出していると解釈できる。他者からの援けを引き出すために、Yが実に多彩な手立てを使っていることが分かる。

また相互作用から見ても、「Yの声の実演⇒Tの日本語表現の提案」というYが主導するやり取りが多く見られる。

なお、やはり日本語を第二言語とするYが、自分の力のみで「コッコッ」(120Y)、「クゥーオーキィコッ～クゥッオオ～！」(130Y) などの音声を片仮名で表記することはやはり難しく、こういった部分を文字化するにはTの援けが不可欠であった。

6.4.2.3　名前の由来と戦うきっかけの言語化（会話例 2-5、2-6、2-7）

会話例 2-5：戦うきっかけの言語化① 「突然の攻撃」

このようにもう一つの特徴である鳴き声の美しさについて言語化された後、ようやくTはニワトリを命名することに話をもっていくことができた。会話例2-5を見てみよう。会話例2-4の最後の発話（133T）から始まる。

〈会話例2-5〉　戦うきっかけの言語化① 「突然の攻撃」

		『大造じいさんとガン』（小5）日本語先行学習	2012.12.4
	133　T	しわがれた声、うん。《書く》(4) 早く名前付けてあげてよ。	
	134　Y	うーん。	
	135　T	じゃあ、名前は？ わたしは名前を付けた。《書く》黒？	
→	136　Y	黒？ なんか、羽（1）普通のトリ	
→	137　T	大黒怎么样？【大黒はどう？】	
	138　Y	うん。《頷く》	
	139　T	わたしはその美しい声をもった、美しい《書く》	
→	140　Y	一开始吧，我觉得，它挺漂亮的。应该是很，很可爱，很帅的トリ吧，后来没想到它来撞我！《目線をTの方から前方の少し離れたところに向ける。目線を宙に浮かせるような様子で語り始める》最初見たとき、わたし、このニワトリ、何てきれいなんだろうって思ったの。とっても可愛い、かっこいいトリだなあって。そうしたらね、急にわたしにぶつかって来たの！】	
	141　T	あぁーあぁー《頷く》	
→	142　Y	我没有准备，然后去那个直接去给它喂食。然后吧，它蹿过来，来我撞过[2]。多亏我跑得快！【わたし油断してた。ニワトリたちに手で	

	直接餌をやっていたの。そうしたら、突然、あいつがぴょんと飛び跳ねて、わたしにぶつかってきたの！ わたし、上手にさっと逃げたけどね！《ニワトリの動きを指で表現》】
143　T	あ、そう、え？ 攻撃してきたの？
144　Y	うん。
145　T	すごいね。《再び書き始める》わたしはそのトリに「大黒」(6) 名前を付けた。(Y：うん) 美しいのは声だけではない。(Y：うん)《書く》(6)
146　Y	なんか、歩く姿も偉そうな
147　T	うーん、歩く姿も

　Tが「早く名前を付けてあげてよ」(133T) と促すと、Yは考え始めるが (134Y)、「黒」だと、「普通のトリ」とは異なるそのおんどりの羽のイメージを表しきれない様子である (136Y)。そこでTが、母語を活用して「大黒怎么样？【大黒はどう？】」(137T) と提案する。ここでTが母語に切り替えたのには意味がある。ここまでのやり取りでYがこのニワトリの他のニワトリとは異なる優れた特徴を複数捉えていることが分かっており、また日本語の「黒」だとそれを表しきれないとYが感じている様子を察し、母語の中国語で「黒」に「大」を加えることを提案したのである。中国語の「大」には、大きな様子だけでなく、年上の感じ、落ち着いた感じ、強い感じなどの語感があり、日本語の「くん」や「さん」のように年上の人や男性の名前の接頭語として使われることもある。こうした語感が気に入ったようで、Yも同意する (138Y)。この「大黒」は、これ以降の発話の中で、YもTも、中国語読みで「大黒（発音：ダーヘイ）」、あるいは日本語読みで「だいこく」と臨機応変に発音されている。

　ようやく命名できたのを受け、Tは名前の由来を言語化し文章化しようと考えるが、それをよそに、Yは自ら大黒に強い興味をもったきっかけを母語で語り始める。それは、美しい容貌に見とれて餌をやっていたら、不意に攻撃を受けて驚いたというものだった (140Y, 142Y)。油断ならない様子は、確かに教材文のガンの頭領「残雪」を思わせる。Yが大黒と残雪を結び付けて捉えていたことが分かる。

　Tは文を書く手を休めてYの母語による発話に耳を傾け、内容を簡単に日本語で確認し (143T–144Y)、これはおそらく重要な情報であろうと察して「すごいね」(145T) と反応する。しかし話が混乱することを恐れ、

第6章　研究2：母国での体験を基盤とする概念発達の分析

話題を命名と大黒の特徴に戻そうとする。Tは、Yが大黒の鳴き声にほれ込んでいることを引き合いに、「美しいのは声だけではない」（145T）と表現を提案したが、これは「声だけでなく羽や毛も黒くて美しい、だから大黒と名付けた」というような展開を期待したからであった。しかしTの期待に反し、Yは羽や毛に関してではなく、「歩く姿が偉そうである」という特徴に戻って話し始める（146Y）。データは省略するが、歩く姿についてのやり取りが繰り返される（147T-151T）。

　会話例2-4までのやり取りは主に日本語を介したやり取りであったが、この会話例2-5では、Yが自ら重要な展開について母語で話し始めた点が注目される。この日は学校の日本語指導として学習支援が行われており、相互育成学習の日本語先行学習の位置付けで行われていた。それゆえ日本語を介したやり取りが基本となっている。しかし相互育成学習では、子どもの母語と日本語の両言語を話す支援者が常時1人以上参加することが多いため、子どもは日本語先行学習でも母語を使うことを妨げられない。母語先行学習で日本語を使うことも同様である。子どもの頭の中では二つの言語に境界はなく、どちらが発話されても自然であるという知見もある[3]。この日は学校の日本語指導として行われたためYの母親は参加していないが、日本人支援者は中国語でも対応できるため、母語と日本語の切り替えが頻繁に見られる。あるときはこの会話例2-5の137T（「大黒怎么样？【大黒はどう？】」）のように明確な意図をもって切り替えられ、また特に意図はなく自然の成り行きで自由に切り替えられている場合もある。Yが大黒から突然の攻撃を受けたことを母語に切り替えて発話したことに明確な意図があったかどうかは定かではない。直近のTの発話137T（「大黒怎么样？【大黒はどう？】」）に影響されたとも考えられるし、里帰りの間ずっと母語を使っていて、それから間もない時期であるからとも考えられる。また、もともとこの出来事は故郷で発生したもの、つまりこの体験に「くっついている」ことばは母語であるからとも考えられる。いずれにしても、両言語が使える支援者の存在によって、Yがどちらのことばを介しても安心して発話していることに注目すべきであろう。

　このように母語と日本語の両方が使えることは、ニワトリの名付けにも関わっている。Yは日本語の「黒」がもつ概念では、このニワトリの

特徴を十分に表現できないと困っていた（136Y）。しかし、Tが中国語の「大」がもつ概念と組み合わせてはどうかと提案することによって、それを解決することができた。日本語のみの概念では、おそらく解決できなかったと思われる。これは、複数のことばをもつ言語少数派の子どもならではの概念選択の広がりと言えるのではないだろうか。

　　会話例 2-6：名前の由来の言語化「黒くて美しい羽としっぽ」
　　次の会話例 2-6 は、ようやく話題が名前の由来である黒い羽について進んだところである。「偉そうに歩く姿」についてTがまとめ、「羽はどんな感じ？」とYに問いかける（151T）。

〈会話例2-6〉　名前の由来の言語化「黒くて美しい羽としっぽ」

			『大造じいさんとガン』（小5）日本語先行学習	2012.12.4
	151	T	歩く姿も、えー、歩く姿も偉そうだ。《書く》胸を張って、大黒、大黒だけが胸を張って歩いている。《書く》(2) 羽はどんな感じ？	
	152	Y	羽は、なんか、黒い。なんか、交ざっている。／黒《羽を描き足す》	
	153	T	／どこが黒いの？	
→	154	Y	《さっき描いた大黒の絵に羽の色を加える》なんか、あんまり覚えてない、こっちが黒、なんか、オレンジ、例えば、この、これよりちょっと、あ、この色、この色。《教科書のイラストの色を示す》	
	155	T	えー、羽が、羽の上の方かな？ 上の方が《書く》	
	156	Y	黒くて	
	157	T	黒っぽい茶色をしているから（Y：うん）、それがきれいなんでしょう？ ね？《書く》	
→	158	Y	うん。あとしっぽもきれい。／しっぽは、なんか、黒とか、なんか白とか、いっぱい交ざっている。《しっぽを描き加える》	
	159	T	／茶色をしていて、とてもきれい。だから、うん。《書く》(4) しっぽの色も白？	
→	160	Y	白とか（T：うん、白、黒）、こげ茶とか（T：こげ茶）、黒とか、茶色とか、うす茶とか、オレンジとかいっぱい交ざっている。	
	161	T	白、黒、こげ茶、うす茶、オレンジ色が交ざっていて《書く》	
	162	Y	きれい。／あ、でも、黒の方が、黒とこげ茶、いっぱい、多い。	
	163	T	／とてもきれい、とてもきれいだ。えー、黒、こげ茶に、白、うす茶、オレンジ色が交ざっていて、だね？《書く》	
	164	Y	うん。	

羽の詳しい様子をTが尋ねると（151T）、Yはあまり覚えていないと言いながらも、さっき描いていた絵に羽としっぽを描き加えながら、「黒、オレンジ」と具体的な色を挙げたり、手元にあった国語の教科書の表紙イラストの色を指したりする（152Y）。先にも述べたが、Yは絵を描くのが得意である。白、黒、こげ茶、茶色、うす茶、オレンジのように具体的な色を日本語で言語化し、そうした色が交ざっていてとても美しいと話した（158Y, 160Y）。ここにおいてようやく、黒を基調に複数の色が交じった美しい羽としっぽをもっていることから「黒」にちなんだ名前を付けたいと考えたのだということが分かる。

会話例2-6で注目されるのは、Yが色彩に関わる豊かな日本語の発話を繰り広げていることである。これは、Yが色彩に関してぴったり合う概念をもつ表現を選択して言語化していると解釈できる。詳しく見ると、Yが自分から「黒、オレンジ」（154Y）のように発話している部分と、Tが「どこが黒いの？」（153T）「しっぽの色も白？」（159T）などのように詳しい説明を求めたことによって、より色彩豊かなYによる言語化（158Y, 160Y）が促された部分がある。発達の最近接領域の観点から見ると、独力で課題を解決している部分と他者からの援けを得てより豊かな表現を生み出している部分の両面が認められると言えよう。

会話例 2-7：戦うきっかけの言語化②「反撃してやろう」

命名とその由来の言語化を完了させて、Tはいったん脇に置いておいた、Yが会話例2-5で話した重要な情報、すなわち大黒に突然攻撃されたことに話題を戻す。次の会話例2-7は会話例2-6の直後の部分である。Tが美しい羽としっぽの色など、ここまで書いたメモを読み上げた後、「大黒を最初に見たとき、どう思いました？」とYに問いかける（165T）。

〈会話例2-7〉　戦うきっかけの言語化②「反撃してやろう」

『大造じいさんとガン』（小5）日本語先行学習		2012.12.4
165 T	白、うす茶、オレンジ色が交ざっていて、とてもきれいだ。美しいのは声だけではない。《書いたメモを読み上げる》歩く姿も偉そうだ。大黒だけが、胸を張って歩いている。それで、餌を、わたしは最初に大黒を見たとき、最初に大黒を見たとき、どう思いました？《書く》	

→	166	Y	きれいだなって。
	167	T	ふぅ～ん。大黒を見たとき《書く》
	168	Y	きれいだな
	169	T	きれいだなあって、看上了【見とれる】見とれた。《見とれている動作と表情》ね、見とれた。《書く》はい、そして、餌をやっていたの？
→	170	Y	うん、餌をやっていたときに
	171	T	餌をやっていたら《書く》
→	172	Y	なんか、ぶつかってきた。
	173	T	何と大黒は
	174	Y	わたしにぶつかってきた。
	175	T	ぶつかってきた。（Y：うん）《書く》（1）痛かった？（Y：うーん）びっくりした？
	176	Y	びっくり。
	177	T	何？ なんか、怖い顔してたの？
	178	Y	こうやって《ニワトリの表情を表現》
→	179	T	あ、わたしをにらんでいた、にらんでいた。（2）わたしはとても驚いた。《書く》（Y：うん）わたしはとても驚いた。（4）はい、そしてどうしようと思った？
	180	Y	そして、なんか、ひどいなあー、つかまえたいって、想反击。【反撃したい】
	181	T	うん、はい、日本語で何て言うんだっけ。
→	182	Y	はんげき？
	183	T	反撃してやろう、仕返ししてやろうと思った。憎らしいので。《書く》憎らしいって分かる？
	184	Y	うん。
	185	T	憎らしいので（3）《書く》
	186	Y	反撃をしたい
	187	T	反撃してやろうと思った。《書く》反撃してやろうと思った、反撃してやろうと思った。（Y：うん）そして第一の作戦を考えた。
	188	Y	第一は、なんか、（0.5）なんか、穴を掘って

　Tが大黒の最初の印象を尋ねると（165T）、Yは「きれいだなって」
（166Y）と答える。この「きれいだなって」に関し、Tは母語も交えて意
味を確認しながら「見とれた（中国語：看上）」という表現を提案する
（169T）。続いて、大黒が不意にぶつかってきたこと（169T–174Y）、そのと
きのYの気持ち（175T–176Y）と大黒の様子（177T–179T）、Yが反撃してや
ろうと思い立ったこと（179T–186Y）が、母語も交えて概念を選びながら

第6章 ｜ 研究2：母国での体験を基盤とする概念発達の分析

109

順に言語化される。こうして、Yが会話例2-5の140Yと142Yで自らターンをとり母語で発話した内容（きれいだと見とれていたら大黒に突然攻撃されたこと）が言語化された。

　そして、話題は第一の作戦へと進む（187T, 188Y）。分析は省略するが、次の会話例2-8までの間では、第一、第二、第三の作戦の内容が言語化される。

　この会話例2-7では、細かい点だが、突然攻撃したときの大黒の表情をTが尋ねたときに（177T）、Yが大黒の表情を再現して見せ（178Y）、その表情を読み取ってTが「にらんだ」（179T）と表現を提案する部分がある。このように表情で伝えることも、絵や音声による伝え方に加えて、Yが使ったTからの援けを引き出す方法の一つであると解釈できる。

6.4.2.4　登場人物に対する共感の言語化および母親と共有したい気持ち （会話例 2-8）

　最後にこの日の学習の締めくくりのやり取りを例示する。登場人物に対する共感が言語化された部分であるが、Yが自発的に発話したことによって、この日の学習にY自身がとても満足していたと理解できる発話が見られる。会話例2-8は、作文の結びの部分を書くために「大造じいさんへの共感」について話しているところから始まる。

〈**会話例2-8**〉　登場人物に対する共感の言語化および母親と共有したい気持ち

『大造じいさんとガン』（小5）日本語先行学習			2012.12.4
	489	T	やっぱり、何で毎年戦うんだろうね？　大造じいさん
	490	Y	絶対につかまえる。
	491	T	何で絶対って思うんだろうね。わたしは《書く》でも、Yちゃん、よく理解できるんじゃない？　よく分かるんじゃない？　何でだろうね。
	492	Y	うん。
	493	T	大造じいさんが《書く》
	494	Y	なんか、負けたらくやしい。
	495	T	そう。大造じいさんが毎年ガンと戦う気持ちが《書く》どうですか？
	496	Y	分かる。

110

	497	T	気持ちが分かります。（Y：うん）《書く》負けたら？
	498	Y	負けたらくやしい。
	499	T	負けたら、くやしい。《書く》負けたらくやしくて、んー、今度こそ？
	500	Y	今度こそ絶対つかまえる。
	501	T	今度こそ、って思う。今度こそ、（2）つかまえると《書く》
→	502	Y	これ、ママに読まさせたい[4]。
	503	T	そうだね。つかまえると思う。
			（中略）
	517	T	Yちゃん、こういうことがとっても大事だよ。なかなかねー、大造じいさんのお話読んでもね、その、戦う気持ちがねー、作戦作ってさ、実験するわけじゃない？ 実験して、やってみて、う〜ん、だめだった、今度はこうしようとかっていう気持ちがね、分からない子もいるのよ。
	518	Y	うん。
			（中略）
	525	T	偉いじゃない！（中略）よし、よく頑張りました。じゃ、これ、ママに読んでもらおうね。

　ここでTは、なぜ大造じいさんは毎年残雪と戦うのかとYに想像させ、「負けたらくやしい」（498Y）「今度こそ絶対につかまえる」（500Y）などの応答を引き出し、こうした言語化をもとに文を作っていく（489T-501T）。2人のやり取りを見ると「大造じいさんが毎年ガンと戦う気持ちが、どうですか？」（495T）⇒「分かる」（496Y）⇒「気持ちが分かります」（497T）のように、Tによる発問⇒Yの応答⇒Tによる評価というIRE連鎖が生まれている。

　しかしT主導のやり取りばかりではなく、Tが書きながら話しているときに（501T）、「これ、ママに読まさせたい」（502Y）というYの自発的な発話が続く部分もある。Yは、普段からどちらかというと勉強熱心な方ではなく、このように何かの学習の成果を母親に見せようとすることは、それまであまりなかった。しかしこの自発的な発話から、このように頭の中にあった故郷での思い出が言語化され、一つのかたちにまとまったことに、Y自身がいつになく満足感を得て、母親と共有したいと考えたのではないかと想像される。

　Tが最後にYの体験に裏打ちされて教材文が理解されたことを価値付

第6章　研究2：母国での体験を基盤とする概念発達の分析

111

け（517T）、また「ママに読んでもらおうね」とYに呼び掛け、この日の学習は終わる（525T）。

　以上のように、体験の言語化（＝概念が選択されることによって一般化・抽象化される過程）を「発達の最近接領域におけることばのやり取り」を注視しながら分析してきた。次に、こうした言語化の結実である、作文全文を例示する（表6-3）。分析した会話データとの対応も表示する。

6.4.3　作文「ニワトリの頭領との戦い」全文

表6-3　作文「ニワトリの頭領との戦い」①

冒頭動機	わたしは『大造じいさんとガン』を読んだとき、とても面白いと思った。なぜなら、10月にふるさとに帰ったとき、わたしも同じようにニワトリと戦ったからだ。 ⇒会話例2-1：背景説明の言語化
背景説明	10月にふるさとの中国に帰ったとき、お母さんはずっと病院でおばあさんの看病をしていた。わたしはその間、おばさんの家の養豚場で過ごしていた。養豚場には、ブタの他に、ニワトリ、アヒル、ガチョウ、犬がいた。とても広くて、トウモロコシや白菜の畑もあった。
ニワトリの特徴①	ニワトリは全部で三十羽ぐらいいた。その中に、偉そうな一羽のおんどりがいた。そのおんどりは、他のニワトリよりも一回り大きい。背が高くて、首がそっくり返っている。 ⇒会話例2-2：ニワトリの特徴の言語化① わたしはそのおんどりに「大黒」と名前を付けた。羽の上の方が黒っぽい茶色をしていて、とてもきれいだからだ。長いしっぽの色も、こげ茶に白、黒、うす茶、オレンジ色が交ざっていて、とてもきれいだ。 ⇒会話例2-6：名前の由来の言語化
特徴②	大黒は大きく羽を広げて羽ばたいて、1メートルぐらい跳び上がることができる。普通のニワトリは、頑張っても、せいぜい50センチぐらいだ。 ⇒会話例2-3：ニワトリの特徴の言語化②
特徴③	それに、大黒だけが「コケコッコー」と高く澄んだ声で鳴くことができる。他にも鳴く練習をしていたおんどりがいたけど、全然声が通らない。しわがれた声だ。 ⇒会話例2-4：ニワトリの特徴の言語化③
特徴④	美しいのは体の色と声だけではない。歩く姿も偉そうだ。大黒だけが胸を張って歩いていた。
戦うきっかけ	わたしは最初に大黒を見たとき、「きれいだなぁ」と見とれた。餌をやっていたら、何と大黒がぶつかってきた。わたしをにらんでいた。とても驚いた。わたしを挑発しているのだろうか。憎らしいので、反撃してやろうと思った。 ⇒会話例2-5、2-7：戦うきっかけの言語化①②
第一の作戦	そして第一の作戦を考えた。穴を掘ってその中にニワトリの好きなトウモロコシの粉や白菜を入れて水をそそいだ。つまり、ニワトリは泳げないから、餌でおびき寄せておぼれさせようという作戦だ。大黒がやってきた。水をそそいだ穴を一目見ただけで終わりだった。さそわれなかった。第一の作戦は大黒の勝ちだった。

表6-3　作文「ニワトリの頭領との戦い」②

第二の作戦	わたしは、くやしくて第二の作戦を考えた。ミミズを使って、大黒をだんだんと水たまりにおびき寄せるという作戦だ。わたしは、あちこちで土を掘ってミミズを十一匹ぐらいつかまえた。その中の一匹を大黒がいる柵の中に入れてみた。何と、他のニワトリがいっせいによってきて、とりっこになった。大黒の方は、見向きもしなかった。また、大黒の勝ちだ。
第三の作戦	第三の作戦は、白菜でおびき寄せて、リンゴをぶつけるというものだ。ニワトリが大好きな白菜を柵の中に入れてみた。すると、ニワトリたちが集まってきた。大黒もやってきた。わたしは、リンゴが届く距離を見計らって、「よし」というところまで大黒が近づいたときに、リンゴをポーンと投げた。リンゴは大黒のしっぽをかすめたが、当たらなかった。リンゴもニワトリの好物だから、大黒はすぐにおいしそうにリンゴを食べた。う〜ん、くやしい。また、大黒の勝ちだ。
第三の作戦修正版	もう一度白菜をたくさん持ってきた。今度は優しく白菜を食べさせてあげた。「何もしないよ」と、油断させた。しばらく白菜を食べさせた後、見えないようにリンゴを手にもって、2メートルぐらいの距離からすばやくリンゴを投げつけた。今度は絶対成功すると思った。
成功	その通り、リンゴは大黒のお尻に見事に命中した。大黒は「コッ」と声を上げて、いつも跳び上がるよりも高く跳ばされた。びっくりした顔でわたしをにらんだ。わたしは、「やったぁ！」と思った。
さらなる作戦	その後も、わたしは歌でニワトリを驚かす作戦もやってみた。自分で作った歌を大きな声で歌って「コケコッコー、ワンワン、ブーブー、ガーガー」とおどかすと、大黒は首を上げて左右をきょろきょろ見回した。
じいさんへの共感	わたしは、大造じいさんが毎年ガンと戦う気持ちがよく分かる。負けたらくやしい、今度こそ絶対にやっつけてやると思う。頭の中で次々にいいアイデア、新しい作戦が生まれてくる。楽しくてやめられないのだと思う。 ⇒会話例2-8：登場人物に対する共感の言語化および母親と共有したい気持ち
残雪への共感	わたしは、残雪のことも共感した。残雪のように、鳥だけれど、人間のように頭がいい鳥は、確かにいる。大黒も、わたしをねらって、突進してきた。わたしは、追いかけられて、とても怖かった。残雪と同じように仲間を守っているようだった。大黒は強くて勇気があり、たのもしいニワトリの頭領だ。 また、大黒に会いたい。次も正々堂々と戦いたい。

6.5 研究2：まとめと考察および課題

6.5.1　分析結果のまとめ

　母国（故郷）での体験を基盤に作文を書く学習の中で、どのような概念発達が見られただろうか。体験の言語化、すなわち概念が選択されることによって一般化・抽象化される過程を、発達の最近接領域におけることばのやり取りを注視しながら分析した結果、体験に裏打ちされて教材

文が理解されていたことが分かった。また、概念発達（＝言語化）の様相として五つのカテゴリーが認められた。

　まず、子どもの故郷での体験が教材文の内容と結び付いて理解されていたことについて述べる。教材文中のガンの頭領「残雪」とYが戦ったニワトリの頭領「大黒」には共通点が見られる。「残雪」は、鳥とは思えない知恵と統率力、勇気をもつ存在として描かれ、Yは「大黒」がもつ他のニワトリとは異なる際立った特徴、美しい羽やしっぽ、鳴き声、優れた跳躍力などを見出していた。特徴を内面から捉えたものか外見から捉えたものかの違いはある。しかし「抜きんでた存在」として捉えていることは共通している。Yが教材文を「身をもって」(中村2010: 157) 理解していたことが明らかになり、作文を書くことによって教材文に描かれた世界が実感をもって追体験されたと言える。

　次に、概念発達の様相として得られた結果を述べる。研究2では、概念発達を「体験が言語化され（＝概念が選択される）ことによって一般化・抽象化される過程」と設定した。分析の結果、言語化の過程として、以下の五つのカテゴリーが得られた（表6-4）。

表6-4　言語化（概念の一般化・抽象化）の過程：五つのカテゴリー

①子どもが独力で言語化したもの
②支援者の働きかけによって子どもが言語化したもの
③子どもが非言語行動などを示すことによって支援者の言語化を引き出したもの
④支援者が独自に言語化した提案を子どもが受け入れたもの
⑤子どもが概念を吟味しながら言語化している様子

　①から⑤までを説明する。

　①子どもが独力で言語化したもの
　これは、Yの自発的な発話の中で日本語および母語によって言語化されたものである。日本語で自発的に発話されたものとしては、「跳ぶとね、普通のニワトリよりちょっと高い。あと、このニワトリだけコケコッコーって鳴く」(会話例2-3：100Y)、「普通のトリはね、何度も跳んでもね、頑張ってもこれくらい、ちょっと下」(会話例2-3：108Y, 110Y) などが

ある。母語で自発的に発話されたものとしては、「最初見たとき、わたし、このニワトリ、何てきれいなんだろうって思ったの。（中略）わたしにぶつかってきたの！」（会話例2-5：140Y, 142Y）がある。

　②支援者の働きかけによって子どもが言語化したもの
　これは、支援者の発問によって引き出されたYの応答の中で言語化されたものである。「偉そうな」（会話例2-2：78Y）や、会話例2-6で見られた、ニワトリの羽としっぽの美しい色合いに関する表現などである。支援者主導によるIRE（あるいはIR）パターンのやり取りが見られる。

　③子どもが非言語行動などを示すことによって支援者の言語化を
　　引き出したもの
　これは、Yが支援者に次のような非言語行動を示すことによって、支援者がぴったり合うと思われる概念をもつ語や表現を提案したというものである。こうした言語化が起きるとき、支援者主導によるIRE（あるいはIR）パターンではなく、Yが主導するやり取りが見られたのが特徴的である。

　　会話例2-2：絵に描いて見せる⇒93T「首が反っている」
　　会話例2-3：動作を見せる⇒107T「1メートルくらい」
　　会話例2-4：鳴き声を実演する⇒119T「高く澄んだ声」、131T「しわがれた声」
　　会話例2-7：表情を作って見せる⇒179T「にらんでいた」

　子ども自身による言語化ではないが、子どもの主体的かつ積極的な行動によって他者（支援者）から引き出された言語化であると言える。

　④支援者が独自に言語化した提案を子どもが受け入れたもの
　これは、Yには難しかった言語化を支援者が行ったもので、会話例2-5で支援者が母語の概念を活かしてニワトリの名前を「大黒」と提案したことなどである（137T）。

第6章｜研究2：母国での体験を基盤とする概念発達の分析

⑤子どもが概念を吟味しながら言語化している様子

これは、「もっと大きい、わたしよりもっときれい。いや、もっときれい」（会話例2-4：114Y, 116Y）のように大黒の美しい鳴き声にできるだけ近い概念をもつ表現を探している様子、「黒？　なんか、羽、普通のトリ」（会話例2-5：136Y）のように日本語の「黒」ではニワトリの抜きんでた特徴を表しきれないと迷っている様子などである。概念発達（概念の選択）がまさに進行している様子であると言える。

研究2の分析から、以上のように多様なかたちの概念発達の様相が明らかになった。これが研究2から得られた、概念発達の様相である。子どもは独力で言語化（概念の一般化・抽象化）を成し得ることもあるし、それが難しいときは、他者から援けを得る。他者から援けを得るのは受け身型の学習参加のように思われるが、Yは絵や鳴き声の実演など様々な他者から援けを引き出す手立てを駆使しており、非常に主体的・積極的なやり取りも展開している。これは、概念の発達が他者との相互作用の中で促される中で、子どもは決して導かれるばかりの存在ではないことを示唆している。

このように「子どもが大人に導かれるばかりではない」様子、あるいは上の⑤のように子どもが概念を吟味している様子などが生まれたのは、やはり概念発達の源が子どもの内面にある、つまり子どもの体験を基盤とする学習に取り組んだからではないだろうか。それゆえ、子どもが様々な非言語行為を盛んに繰り広げて支援者の言語化を促すといったような、子どもの強い意欲が現れたのであろう。ここから、ヴィゴツキーが生活的概念（生活体験）を基盤として科学的概念（抽象概念）との結合の重要性を強調した意味が分かる。子どもの概念発達の基盤としての生活的概念（生活体験）の重要性の一例をここで示し得たと言えよう。

以上の分析結果のまとめを踏まえ、次項では教育現場への示唆を考察し、課題を述べる。

6.5.2　考察および課題

第一に、起きたことやそのときの気持ちに最も合う概念をもつ語や表現を選択する過程を焦点化したことの意義について述べる。分析したロ

頭のやり取りでは、Yの内面にある記憶と概念との摺り合わせや、概念を吟味する過程を可視化することができた。ヴィゴツキー理論に基づく作文の授業を分析した川田は、子どもの心の内にある「ことばにならない何か」が言語化され意味づけられることによって、心の奥底に眠っていた記憶や思いが目を覚ますことの一端を見ることができたと述べている（川田 2014: 40）。研究2の分析からは、ヴィゴツキーの言う「もっとも初歩的なタイプの一般化」（ヴィゴツキー 2001: 229）の詳細な過程を可視化することができたと言えよう。こうした言語化の過程の詳細は、プロダクトを分析した相互育成学習の先行研究（清田 2007）では得られなかったものである。

　第二に、子どもに固有な文化的・歴史的背景が教科学習に結び付いたことの意義を述べる。研究2の分析で明らかになったように、教材文の世界が故郷での体験と結び付いて追体験されたことを通じて「あなたの母国や故郷、あるいはルーツに関わる、多くの場合母語を介した、日々の何気ない出来事は、あなたの学びを支え得る貴重なものだから、大切にしてほしい」という日本人支援者のYに対するメッセージが明確に伝わったと考えられる。それは、普段多数派の言語や文化に圧倒されがちな言語少数派の子どもにとって、力強い励ましとなろう。出来上がった作文「ニワトリの頭領との戦い」は、まさにYのアイデンティティーが投影された創作作品であり、「アイデンティティー・テクスト」（Cummins & Early 2011）の理念に通じるものが一定程度達成されたと考えられる。Cummins & Early（2011）は、「アイデンティティー・テクスト」の実践は、多言語リテラシーの育成方法として有効であるとともに、社会の中で少数派である自分がもっている知識や体験は学校での教科学習に役立つ、知的で創造的な言語的・文化的ツールとなることを、子どもたちに確信させると述べている。そうした確信は、教育現場で周辺的立場に置かれがちな言語少数派の子どもたちが自己肯定感を育むことにつながる。

　書くことはまた、作文という目に見えるプロダクト（成果）を残す。作文としてかたちになったからこそ、会話例2-8でYは「ママに読ませたい」（502Y）と満足気に話したのであろう。こうした作品の創作は言語少数派の家族やコミュニティのコミュニケーションや絆を深めることに寄与し得る。「アイデンティティー・テクスト」の実践が何らかの書く活動

第6章　研究2：母国での体験を基盤とする概念発達の分析

117

を含む作品を作成するのも、こうした意図があるからであると思われる。

　第三に、日本語先行学習における日本語の作文を書く活動において母語が有効に使われたことの意義について述べる。これは二つの面から考察される。

　まず、会話例2-5で支援者が母語の概念を活かしてニワトリの名前を「大黒」と提案したことから分かるように、二つの言語を使用することによって概念が広がり得るという意義である。ある言語とある言語の概念が全て完全に一致することはあり得ない。それは学習する立場からすれば厄介なことである。しかし、一致しないことは必ずしも二言語を使うことの限界を意味しないのではないだろうか。一方の言語で表しきれない概念をもう一方の言語で表すこともできるからである。つまり、言語少数派の子どもはモノリンガルの子どもよりも複数言語を使用することによってより豊かな概念をもち得るのではないかということである。Yの場合、日本語力がまだ十分ではないから母語を活用して「大黒」という名前を付けたというように能力の限界として論じるのではなく、複数の言語を存分に活かして豊かに概念を広げることができると肯定的に捉えるということである。

　もう一つの面は、体験に関する子どもの発話は母語を介して表出することもあるし、日本語を介して表出することもあるということを踏まえると、どちらの言語を介しても子どもが安心して自由に発話できる環境を用意することが重要であるという点である。分析データでは、ニワトリと戦うきっかけをYが自発的に母語に切り替えて語り出した発話が印象に残る（会話例2-5：140Y, 142Y）。分析対象とはしなかったが、後半の大黒を攻略するための作戦についてのやり取りの中にも、Yが大黒とミミズの距離を少しずつ縮めて大黒をおびき寄せようとしたという母語による自発的な長い発話が見られた。Yは特に明確な意図をもって母語に切り替えたのではないと思われる。里帰りから間もない時期に行われた学習であること、帰国して日本の学校に編入してから約2年3か月とまだ日本語が発達途上の時期であったこと、相互育成学習ではどちらの言語を使ってもよいことなどが背景として考えられるだろう。何より故郷での体験に「くっついている」言語が母語であることを考慮すると、母語使用は自然の選択とも言える。その後、日本人支援者との日本語のやり

取りに戻っているが、子どもが混乱する様子は見られなかった。子ども
が母語と日本語の間を境界なく自然に、自由に行き来している様子が窺
える。日本語のみでは、故郷で母語を介して起きた出来事やそのときの
気持ちを自由に表現できないこともあり得ると想像される。ここから、
子どもがもつ複数の言語のいずれもが十分に活かされる学習環境の必要
性が示唆される。

　このように、複数の言語を活かして豊かな概念を育むために、また、ど
ちらの言語でも子どもが安心して自由に話せるように、相互育成学習の
ような母語と日本語の両方が使える学習環境の必要性が再確認される。

　最後に支援者の内省的振り返りとして、研究2から得た課題を述べ
る。

　課題として、学習のデザインが母語を介した書く活動まで広げられな
かったことが挙げられる。会話データから明らかになったYの意欲を
「アイデンティティー・テクスト」（Cummins & Early 2011）で提唱されてい
る複数言語のリテラシー育成に結び付けることができれば、さらに意義
のある活動となったであろう。このときの学習は、里帰りしたことによ
る時間の不足と、日本人支援者の中国語リテラシーの不足により、日本
語での作文のみに止まり、こうした課題が残った。研究2の日本語を介
したやり取りでは、作文の構成についてはほぼ日本人支援者が主導して
いた。しかし、もともと母語文脈で生まれた体験であり、母語話者支援
者の支援が受けられる場で、日本語のみではなく母語による作文にも取
り組むことができれば、子ども自身がもっと構成や展開について関与で
きた可能性がある。

注　[1]　母方の祖母が大きな怪我をして、その看病のため母親が一時帰国す
　　　　　るのに伴い、3週間ほど里帰りしていた。なお、Yは中国帰国者家庭
　　　　　の子女であり、日本国籍をもち、小学校3年生のときに日本に帰国
　　　　　したことになるため、一時帰国とせず、「里帰り」とする。
　　[2]　Yは「来我撞过【わたしがぶつかった】」と発話しているが、「来撞
　　　　　我【わたしにぶつかってきた】」の言い間違いであると思われる。
　　[3]　「translanguaging」という概念で、多言語話者の全ての言語資源を

第6章｜研究2：母国での体験を基盤とする概念発達の分析

言語の境界線を超越した一つのレパートリーとしてみるもの。加納（2016）を参照されたい。この点については、第8章8.3.2項で後述する。

[4]　Yは「読まさせたい」と発話したが、「読ませたい」の言い間違いであると思われる。

第7章 | 研究3：家庭での体験を基盤と
する概念発達の分析
——S親子、Y親子の場合

7.1 研究課題

　日本国内の言語少数派の子どもを対象とする実践事例に「赤ちゃんの
ふしぎ」と題する非常にユニークな授業がある（山中2009）。出産を控え
た児童の母親を日本語指導教室に招いて心音を聴いたり命を慈しむ気持
ちを語ってもらったりした上で、4人の子どもたち（小学校3、4年生）とそ
れぞれの母親との間でビデオレターと手紙のやり取りをしてお互いに対
する気持ちを伝え合うという授業である。この授業のねらいは、赤ちゃ
んに関する知識を学ぶのみではなく、親の愛情を実感することにある。
考えてみれば、日々家族から様々な愛情のかたちを受け取って大切に育
てられることは、「子どもの日常生活そのもの」と言えるのではないだろ
うか。また、それは同時に親にとっても日常生活の一端であり、つまり
親子間の日常における様々な触れ合いは、親子に共通する生活体験と言
えるだろう。山中の実践はJSLカリキュラム[1]のトピック型授業として
の位置付けで行われたものであり、子どもが属する学年の教科学習にリ
ンクしたものではない。それゆえ、こうした親子の触れ合いが教科学習
や子どもの概念発達とどのように関わるのかは明らかになっていない。
　相互育成学習の実践には、子どもの家族（母親）が母語話者支援者とし
て教科学習に参加した学習支援が二つある。小田（2010, 2011, 2012）と滑
川（2010）である。これらでは母親ならではの働きかけ、例えば、子ども
の進路について親として毅然とした態度を見せる（小田2012: 138）、教材
文の内容と親が仕事を通じて得た知識や信条を結び付ける（滑川2010:
140）などが見られた。こうした働きかけは子どもや家族に固有の文化

的・歴史的背景に関わるものと言えよう。しかし、そうした親による働きかけが教科学習の中でどのような発展性をもつのか、また抽象概念とどのように結び付き得るのかは未検討である。

　親子の触れ合いなどの、親子に共通する家庭での様々な生活体験を考えるとき、小学校国語教科書の読む教材、特に物語文には、家族（あるいは肉親に準ずる存在）の愛情や親子の絆を描いたものが非常に多いことに気が付く。SとYに対する相互育成学習で取り組んだ読む教材（物語文）の中で、『スーホの白い馬』（小学校2年生）、『ちいちゃんのかげおくり』『モチモチの木』（小学校3年生）、『三つのお願い』『一つの花』『ごんぎつね』（小学校4年生）、『わらぐつの中の神様』（小学校5年生）、『カレーライス』『海の命』（小学校6年生）などがこれに相当する。1年の間に「親の愛情」や「家族の絆」をテーマとする複数の読む教材を学習するのである。これらの教材文を表面的に理解するのではなく、「身をもって理解する」（中村2010: 157）ためには、どのような学習が考えられるだろうか。上で述べたように、子ども自身も家族との様々な触れ合いの体験をもっている。親もそれを共有している。教材文で描かれる家族に関わる抽象概念「愛（親の情愛や家族の絆）」が、家庭生活を通じて親子が育んできた様々な生活体験に裏打ちされることによって、子どもは確かな実感をもって抽象概念「愛」を理解することができるのではないだろうか。

　第3章で述べたように、相互育成学習では、日本語のみではなく母語による教科学習も行うために母語話者支援者の参加が不可欠である。外国人集住地域ではないため母語の人材が得にくいという実際的な理由から、本研究の事例では子どもの母親が母語話者支援者として学習支援に継続的に参加した。結果的に、小学生の国語教材文は「親の愛情」や「家族の絆」をテーマとするものが多いため、母親の参加は意外にも好都合であった。研究3では、このように母親の力が最大限に活かされた相互育成学習における、家庭での体験、具体的には、親子に共通する生活体験を基盤とする概念発達の様相を探る。相互育成学習の中で、親子に共通する生活体験は抽象概念（親の愛情や家族の絆）とどのように統合され得るだろうか。第3章で述べた、以下の研究3の研究課題に答えるかたちで見ていくことにしたい。

〈研究3〉

　RQ3：家庭での体験（親子に共通する生活体験）を基盤とする学習の中
　　　で、どのような概念発達が見られるか

　本研究では、概念発達（生活体験と抽象概念が統合していく過程）を、発達
の最近接領域におけることばのやり取りを注視し、質的に分析してい
く。研究3では、発達の最近接領域におけることばのやり取りの鍵を握
るのは、母親であると想定される。そこで、子どもがどのように発達の
領域を広げているのかを見るのと同時に、母親がどのようなことばのや
り取りをしているのかも注視したい。つまり、母親から見たことばの相
互作用の様相にも注目するということである。

7.2 　分析対象とするデータ

　研究1ではSを対象に、研究2ではYを対象に、それぞれ一つの教材文
を選んで子どもの体験を基盤とする学習の過程を分析した。子どもと教
材文を絞って、概念発達を詳細に可視化することをねらった。研究3で
は方法を広げ、二組の親子を対象に、親の愛情や家族の絆をテーマとす
る複数の教材文の学習を分析することを通じて、生活体験が抽象概念に
結び付く過程を可視化する。なお、母親の働きかけが鍵となるため、母
親がことばの力を十分に発揮することができる母語先行学習で得られた
データを分析する。

　家族愛が主題となっている国語教材文として、Sを対象とする『スー
ホの白い馬』（小学校2年生）、『ちいちゃんのかげおくり』（小学校3年生）、Y
を対象とする『一つの花』（小学校4年生）、『三つのお願い』（小学校4年生）
を採用する。相互育成学習における母語先行学習の録画を文字化し、家
族の愛情に関わる会話データを抜き出したものを3例、親子の作文の往
還1例を対象とする。親子の作文の往還には、会話に類するやり取りが
成立していると判断された。補足データとして支援者が記した支援記録
も用いた。対象者と教材文、データ採取時の子どもの学年や編入からの
年月などを表7-1にまとめる。

第7章　研究3：家庭での体験を基盤とする概念発達の分析

123

表7-1　分析対象データの概要

対象者	データ	教材文	学年と年齢	データ採取	編入からの年月
S親子	会話例3-1	スーホの白い馬	小2／8歳	2007年1月	約5か月
	会話例3-2-1 3-2-2、3-2-3	ちいちゃんの かげおくり	小3／9歳	2007年10月	約1年2か月
Y親子	会話例 3-3-1、3-3-2	一つの花	小4／9歳	2011年7月	約11か月
	作文	三つのお願い	小4／9歳	2012年1月	約1年5か月

　なお、分析データにおける参加者は、それぞれ以下の通りである。S
に対する学習の参加者は、SとSの母親（会話データではSMとする）と日本
人支援者（これまでと同様にTとする）の3者、Yに対する学習の参加者はY
とYの母親（会話データではYMとする）と日本人支援者の3者である。

7.3 ｜ 分析結果

7.3.1　分析結果の概要

　ここで分析の概要を記す。会話データの分析として3例を採り上げる
が、そのうち2例がS親子を対象とするもので、7.3.2項で小学校2年生の
教材文『スーホの白い馬』を学習したときのやり取り、7.3.3項で小学校
3年生の教材文『ちいちゃんのかげおくり』を学習したときのやり取り
をそれぞれ分析する。続いてY親子を対象に、会話データの分析とし
て、7.3.4項で小学校4年生の教材文『一つの花』を学習したときのやり
取りを分析する。7.3.5項では小学校4年生の教材文『三つのお願い』を
学習したときに生まれた親子の作文の往還を分析する。分析を踏まえ、
7.4節においてまとめと考察、および課題を述べる。

7.3.2　家族の愛情に関わる生活体験：S親子の事例①「心を込めて世話する」

　教材文『スーホの白い馬』（小学校2年生）は、両親を亡くし祖母と2人
だけで暮らすモンゴルの羊飼いスーホと白馬との絆を描いた物語文であ
る。スーホと白馬とは実の家族ではないが、それに準じる関係と見るこ
とができる。スーホは親馬とはぐれて草原に置き去りにされていた白馬
に自分を重ね合わせ、兄弟のように心を込めて世話する。「心を込めて

世話する」は母語訳文では「精心照料」となっている。これは、まさに
子どもなどを丁寧に世話するという意味をもち、抽象度の高い四字成語
である。会話例3-1は、教材文の音読に続いて口頭で内容理解を行って
いるところである。SM（Sの母）が「精心照料」とはどのようにすること
なのかとSに問いかけるところから始まる。

〈会話例3-1〉　心を込めて世話する

『スーホの白い馬』（小2）Sに対する母語先行学習			2007.1.27
	21	SM	"小白馬在苏和的精心照料下。"什么叫精心照料？ 【《教材文の一部を読む》小さな白馬は、スーホが心を込めて世話したおかげで。「心を込めて世話する」ってどういうことかしら？】
	22	S	《恥ずかしがって、そっぽを向き、答えようとしない》
	23	SM	哈哈哈。精心照料。这是，词组，应该是词组。 【（笑）心を込めて育てる。これは、(2) 成語、成語ね。】
	24	T	苏和精心照料白马，每天干什么？ 【心を込めて／白馬を育てたってことは、毎日何をしたんだろう？】
	25	SM	对，精心是什么？ 每天给它要做什么？ 　　　　　　　　　【／そう、心を込めて世話をする。(2) 毎日白馬にどんなことをしてあげなくちゃいけない？】
→	26	S	做饭了？ 哟？ 也没做什么呀！ 【(2) ご飯を作る？ あれ？ (2) 他に何もしないよ！】
	27	SM	你说，精心照料，除了喂它饭，喂它饮水 【ほら、心を込めて、だから、ご飯を食べさせるだけじゃなくて、／水も飲ませてやって】
	28	S	饭，它自己吃草就完事了。 【／ご飯って言ったって、白馬が自分で草を食べれば終わりだよ】
→	29	SM	嗯，那不一定呀！ 要给他摘了一些好草。####哪个草有营养呢？###绿色的肥沃的草，特别好的草。 【うーん、それだけじゃないでしょう？ いい草をとって来てあげなくちゃ。栄養のある草はどれかなって。緑色の肥えた草、特別いい草】
	30	S	给它放哪里？【(1) 草はどこに入れるの？】
	31	SM	给它哪了呀，放在那个，喂马时都用的马槽，然后喂它鲜草 【どこに入れるかって？ 馬に餌をあげるときの飼葉桶に入れるの。新鮮な草を／食べさせるの】
→	32	S	它太小了，够不了。 　　　　　　【／でも、白馬は小さいから、食べきれないよ】

第7章　研究3：家庭での体験を基盤とする概念発達の分析

125

→	33	SM	啊，那就直接喂下呗，精心喂它的。不爱吃呢，有点儿耐心，再多喂点儿，为了让它多吃一点儿，这叫精心照料。你要是大马，我就不精心照料，把草放了一点儿，不知道那个。对吧？ 小马呀，哈哈，不爱吃了？ 再哄一哄呀，玩着玩着呀，再吃点儿，这样它就吃多了，是不？ 然后喂它水，让它饮水，然后给它梳毛啦，洗洗澡啦，刷刷马尾巴，刷刷马蹄啦。 【そういうときは自分で食べさせるの、丁寧に食べさせるの。あまり食べないときは、辛抱強く、もう一度食べさせる。もう少したくさん食べるようにって。《Sの肩を軽く叩く》こういうことが「心を込めて世話する」ってこと。（T：うん）(1) もし、大きな馬だったら、そんなに丁寧にしないわ。草を置いて、あとは知らないって。《草を無造作に置く動作》そうでしょう？《S：頷く》でも、小さい馬だったら《SM：Sに草を与える動作　S：あむあむと草を食む動作をして、笑う》（笑）食べたくないの？ そういうときは、よしよしってあやす。遊びながら、もう少し食べなさいって。こうしたら、たくさん食べるでしょう？（S：うん）それから、水も飲ませてあげる。《Sの肩や背中を触る》毛のお手入れをしたり、体を洗ってあげたり、しっぽや蹄のお手入れもしてあげるの】
	34	S	这样！【そんなに！】（T：そうね）
	35	SM	保持卫生，这叫精心照料。然后经常去看它，晚上睡觉，看看。 【そうよ、きれいにしてあげなくちゃ。こういうことが「心を込めて世話する」ってこと。それから夜はよく寝ているかなって、（T：うん）ときどき様子を見に行くの《Sの肩を触って、寝ているかな？と確かめる動作》】
→	36	S	还是痒呀！【くすぐったいよ！】
	37	SM	哈哈！ 看看，晚上马睡得怎么样了？ 【（笑）夜になったら、（T：そうね）どれどれ、白馬はどんなふうに／寝ているかなって】
	38	S	听，那个马不懂。《耳を塞ぐ動作》 ／そんなの聞いたって馬には分からないよ（笑）】

　　SMが「心を込めて世話するとはどういうことかしら？」（21SM）と問いかけると、Sは恥ずかしがってそっぽを向いて答えない（22S）。そっぽを向きながらも、顔は笑っている。SMは「これは成語ね」と言いながら少し考える様子を見せる（23SM）。Tは、「精心照料（心を込めて世話する）」の概念を辞書的に説明するのではなく、Sに具体的に把握させたいと考え、「心を込めて育てるということは、例えば、毎日何をしたんだろう？」とSに問いかける（24T）。それを聞いて、SMも「毎日どんなことをしてあげなくちゃいけない？」と具体的に理解させようと説明を始める（25SM）。

するとSは、ご飯をあげるくらいで、相手は動物だから他に何もしないと答える（26S）。そっけないSに対し、SMは「そんなことはない、心を込めて、とはこういうことだ」と身振り手振りやスキンシップを交えながら、生き生きと具体的な例を挙げて解説する。新鮮で栄養のある青い草を選ぶ（29SM）、あまり食べないときは遊びながら食べさせる、体を清潔にしてやる、しっぽや蹄の手入れをする（33SM）、夜はよく寝ているか様子を見に行く（35SM, 37SM）などである。教材文にはこのような具体的な馬の世話に関する描写はなく、これらは全てSMの想像によるものである。そこには彼女自身が赤ちゃんだったSを愛情込めて育てた経験が投影されていると推察される。一方、Sの方は「白馬はまだ小さい赤ちゃんだから食べきれないよ」（32S）などとそっけない返答を続ける。しかし、そうしたSの反応が、さらにSMの母としての豊かなことばの力を引き出しているのが注目される。Sも口ではそっけない返答をしながらも、終始笑顔で、動作も交えて反応していることから（33SM中の草を食べる動作、36S）、「心を込めて世話する」の概念を具体的に体感していると察せられる。

　このように会話例3-1を通じて、抽象概念「愛（肉親に準ずる者への愛情）」および「心を込めて世話する（精心照料）」が、S親子の生活体験（Sの母がSを慈しんで育てたこと）に裏打ちされて理解されている様子が分かる。それは、Sが生まれてから親子の間で生まれた様々な具体的な愛情に関わることばや行為、感情などが抽象概念と結び付いていると解釈できる。Sの方は小さい頃のことを覚えていないが、ここで学習にもたらされることによって親子に共通の体験となったと考えられる。

　そうした概念発達の様相を生み出した、やり取りにおける相互作用を見てみよう。まず、上で述べたように、Sのそっけない返答が、さらに母親としての豊かなことばの力を引き出したことが注目される。また、Tが「心を込めて世話する（精心照料）」を具体的に捉えようと「毎日どんなことをするのか？」と問いかけたことにヒントを得て、Sの母も具体的にSに概念を捉えさせようと、自身の子育て経験に根差した豊かな想像力を発揮したことが注目される。

7.3.3 家族の愛情に関わる生活体験：S親子の事例②「戦時下の親子の愛情」

S親子の事例をもう一つ挙げる。教材文『ちいちゃんのかげおくり』（小学校3年生）では、戦争の惨禍に巻き込まれた家族の愛情が描かれている。ここでは、戦時下で必死に子どもを守ろうとした親の思いを想像するという課題に関わる会話データを、三つの段階に分けて例示する。次の会話例3-2-1では、主人公ちいちゃんの父親の出征を見送ったとき、母親がぽつんと「体の弱いお父さんまで戦に行かなければならないなんて」とつぶやいたという部分について、内容理解を行っている。この部分では、このときの母親の心情を想像してワークシートに書くための準備段階として、口頭で内容を把握している。Tが当時の社会的背景に触れつつ、出征兵士を見送る妻は決して泣いてはいけなかったとSとSMに説明するところから始まる（51T）。

〈会話例3-2-1〉　戦時下の親子の愛情①

『ちいちゃんのかげおくり』（小3）Sに対する母語先行学習			2007.10.4
	51	T	这个是一种，历史性情况。刚才我们学过，"簇拥下，人们簇拥下，"人们特别特别热闹吧？ 那个时候，妻子呀，应该什么呢？ 绝对不能哭。 【これは、何というか（1）歴史的な背景があります。わたしたち、今、「日の丸の旗に送られて」って勉強しましたね。（1）見送りの人たちはとてもとても賑やかだったでしょう？《S：頷く》このとき（1）妻はどうしなければならなかっただろう？ 絶対に泣いてはいけなかった】
	52	SM	啊。不能哭。 【ああ、《頷く》《Sの方に向かって》泣いてはいけなかったのよ】
	53	S	为什么？【どうして？】
	54	SM	因为这个是大家簇拥，因为打仗去是个光荣，是为国家争光，所以作为家属忍哭。哭的话，就像是不愿意去打仗，不愿意自己的丈夫去打仗，不愿意去，那不行。违反那种精神，那种精神就是愿意丈夫打仗好，大家都是这样。但是实际上妈妈心里想什么？ 【なぜって、ここでみんなが賑やかに見送ったのは（T：うん）、戦争に行くことは光栄なこと（T：そうそう）、国の栄光のために戦うことだから。（T：そうそう）家族は泣いてはいけない。泣いたら、戦争に行きたくない、お父さんを行かせたくないってことになってしまう。それはできないのよ。（T：そう）みんなの気持ちに反することになる。お父さんに立派に戦ってほしいってみんなが思っている気持ち。みんなそうだったのよ。《Sの反応を見る》（3）《S：頷く》でも、お母さんは、本当に心の中でどう思っていたのかしら？】

	55	T	出征就是一种光荣的，为国家，为天皇贡献。 【出征は光栄なこと、（SM：そうね）国のため天皇陛下のために貢献すること】
	56	SM	对。【そう】
	57	T	但是心里呢，真心话呢？ 【(1) でも、心の中では？（ちいちゃんのお母さんの）本当の気持ち、本当の気持ちは？】
→	58	S	真心话是不让爸爸去战场。 【本当の気持ちは、お父さんを戦争に行かせたくなかった】

　Tは、戦時中の日本の人々の風潮や考え方をまずSMに理解してもらう（51T）。SMは当時の状況を理解し（52SM）、自分の解釈を加えながら、出征することは国のために戦うことであり名誉なことであるから、夫を見送る妻は泣いてはいけなかったとSに解説する（54SM）。ここでSは主人公ちいちゃんの母親の心情について「本当の気持ちは、お父さんを戦争に行かせたくなかった」（58S）と答えている。しかし、その次の回の学習支援で、その心情を母語ワークシートに書き始めると、うまくまとめることができなかった。ワークシートの問いは、「「体の弱いお父さんまで戦に行かなければならないなんて」とお母さんはぽつんと言いましたが、お母さんはどんなことを心配していたのでしょう。お母さんが、本当は言いたかったけど、言えなかったこととは、どのようなことでしょう。【妈妈不经意间说"就连身体虚弱的爸爸都得上战场。"妈妈担心什么？她要说实在的，但是没能说的是什么？】」となっている。ワークシートに取り組んでいる会話例3-2-2を見てみよう。Sの筆が止まっている様子を見て、SMが、前回の学習とこのやり取りが始まる直前に、そのことについて3人で話していたことを思い出させようとするところから始まる（11SM）。

〈会話例3-2-2〉　戦時下の親子の愛情②

			『ちいちゃんのかげおくり』（小3）Sに対する母語先行学習		2007.10.11
	11	SM	刚才咱们说什么呢？【今、わたしたち、何て話してた？】		
	12	S	说，没有爸爸，就是，没有人说话？ 【ええと (0.5) お父さんがいなかったら (0.5) おしゃべりする相手がいない？】		

第7章　研究3：家庭での体験を基盤とする概念発達の分析

→	13	SM	没有人说话？【おしゃべりする相手がいない？】
	14	S	嗯【うんー】
→	15	SM	比如说你爸爸要是不在家，就妈妈家里有什么事的话 【もし、うちのパパが家にいなくなったら、ママはうちのことで何かあったとき】
	16	S	没有，就是【いなかったら（0.5）ええと】
	17	SM	妈妈要想怎么办的时候，该怎么办？ 【ママが／どうしたらいいだろうって思ったとき、／どうすればいい？】
	18	S	商，商，没有人，就是，商 　　　　　【／そうだん？（1）　　　　　　　　　　／そうだん？（1） ええと、そうだん？する人がいない？】
	19	SM	商量【相談】
	20	S	商量【相談】
→	21	SM	不知所措呢，妈妈不知所措了，不知道怎么办了，对不？ 【途方に暮れる、ママは途方に暮れるわ！／どうしたらいいか分からない、そうでしょう？】
	22	S	不知，不知，所，错？　　　　　　　　　【／とほうに、くれる？】
	23	SM	嗯【そう】
	24	T	嗯【うん】
	25	SM	那你，这里的妈妈担心的就是这个嘛？爸爸走了 【じゃあ、ここのちいちゃんのお母さんの心配がこれでしょう？お父さんがいなくなって】
	26	S	爸爸走了【お父さんがいなくなって】
	27	SM	除了你上边写的这两个以外还有这个嘛？ 【上に書いた二つの他にもこれがあるでしょう？】
	28	S	爸爸走了【お父さんがいなくなって】
	29	SM	对，家里还有两个孩子，那么有事儿的话，妈妈该怎么办呢？ 【そうよ、うちに子どもが2人いて、何かあったとき、お母さんはどうすればいい？】
	30	S	妈妈不知道没有爸爸，阿，爸爸，不知道该怎么办？ 【（2）お母さんは、お父さんがいなかったら、ええと（1）お父さんが（2）どうしたらいいか分からない？】
	31	SM	对呀。如果家里有什么事了，妈妈不知道怎么办了。 【そうよ。（1）うちで何かあったとき、お母さんはどうしたらいいか分からない】

　　SMはこれまで3人で話していたこと（ちいちゃんのお母さんはお父さんに戦争に行ってほしくないと思っていた。お父さんがいないことで、お母さんは子ども

たちのことを心配しているなど）を思い出して、母親の心情はいかなるもの
だったのかをワークシートに書くように指示するが（11SM）、Sは「お父
さんがいないとおしゃべりする人がいない」のように考えていた（12S）。
「おしゃべりの相手」では、父親の不在の深刻さに思い至っていない。そ
こでSMが「うちのパパがいなくなったら、わたしはどうしたらいいか
分からない、途方に暮れてしまう」と自分たち家族に喩えて、事態の深
刻さを想像させる（15SM, 17SM, 21SM）。SMの真に迫った喩えを聞いて、
Sの反応に変化が見られた。17SMの発話に重ねて「単なるおしゃべりで
はなく、相談の相手」（18S）と訂正したり、21SMで話された「不知所措
（途方に暮れる）」という四字成語をつぶやくように復唱したりして（22S）、
懸命に理解しようとしている様子が窺える。続くやり取りでは、SMが
誘導することによって（25SM, 27SM, 29SM）、ワークシートの解答に向け
て「お父さんが戦争に行って、いなくなってしまったら、お母さんはど
うしたらいいか分からない」（26S, 30S）のように、Sの理解がまとまって
くる。

　会話例3-2-2の少し後に続く会話例3-2-3では、お父さんが出征した
後、残された母子3人が空襲に見舞われる場面の読解へと進む。激しい
空襲の中を母親が幼い子ども2人の手を引いて必死に逃げる場面を音読
し（40S）、内容についてやり取りする。燃え盛る炎と逃げ惑う群衆の中、
つないでいた手が離れ、母と子ははぐれてしまう。深刻な場面であり、
時おり沈黙を含むやり取りが進む。

〈**会話例3-2-3**〉　戦時下の親子の愛情③

		『ちいちゃんのかげおくり』（小3）Sに対する母語先行学習	2007.10.11
40	S	‘妈妈抱起来阿小又跑了起来。“哥哥别走散了！”阿小的哥哥摔了一跤。伤得很重，脚上流血了。妈妈把哥哥背了起来。“快，阿小！坚持住，跟妈妈一起跑！”’【教材文を音読する】お母さんはちいちゃんを抱き上げて走りました。「おにいちゃん、はぐれちゃだめよ！」お兄ちゃんが転びました。足から血が出ています。ひどい怪我です。お母さんはお兄ちゃんをおんぶしました。「さあ、ちいちゃん、母さんとしっかり走るのよ。」】	
41	T	对，他们两个还小啊。【そうね（1）子どもたち2人、まだ小さいね《SとSM：頷く》】	

	42	S	(4)《空襲で街が焼かれる様子を描いた挿絵を指して》あー（炎が）赤い[2]。
→	43	T	对。哥哥摔了一跤。嗯，对，四，五岁，四，六岁，摔了一跤，没办法，伤得很重，嗯，对。我们刚才讲过吧，妈妈爸爸，他们离开了，那天以后妈妈担心 【そう、お兄ちゃんが転んじゃった。うん、(1)そうね、4、5歳、6歳ぐらいかな？転んじゃったら、どうしようもない。(0.5)ひどい怪我をしちゃった。うん(1)そう(2)わたしたち、今話してたでしょう？《解答を書いたワークシートを示す》お母さんとお父さんは離れ離れになっちゃって、あの日からお母さんずっと心配していた《S：頷く》】
→	44	SM	照顾不了孩子【子どもたちを守りきれない】
→	45	S	照顾不了【守りきれない】
→	46	SM	这个时候，要是爸爸在的话【このとき、お父さんさえいてくれたら】
→	47	T	对对对，是吧【そうそうそう】
→	48	S	一个抱一个。 【1人が1人を抱っこできたのに《脇に子どもを抱える動作》（T：そうそう）】
	49	SM	对。要是她两三岁，像Aちゃん的小弟弟一样大，那个弟弟，让他跑，跑不动。走了走也不愿走，妈妈得抱起来。 【そうね。ちいちゃんが2、3歳だとしたら、Aちゃんの弟と同じくらいね。あの子、走らせようとしても無理。歩くときも歩きたがらないから、Aちゃんのママはいつも抱っこするわ】
	50	T	女的，毕竟力量小。【女はどうしても力が弱い】
	51	SM	对，妈妈力量很小，跑不动。【そう、お母さんは力が弱いから、走れなかった】
→	52	S	两个【子ども2人だもの】
	53	SM	跑不动。抱一个也麻烦，累坏了。 【とても走れない。1人を抱っこするのだって大変、疲れ切ってしまう】

　Tは、子どもたちはまだ小さく、お兄ちゃんが転んでしまったのも無理はない、さっきワークシートに書いたちいちゃんの母親の心配が現実になったと話す(43T)。それを受けてSMは母親の心配を具体的に「子どもたちを守りきれない」と表現する(44SM)。SもSMの発話「守りきれない」を復唱して、このときの母親の状況を摑む(45S)。さらにSMが「もし、このときお父さんがいてくれたら」(46SM)と想像すると、Tの同感表明を挟んで(47T)、Sも「1人が1人を抱っこできたのに」と自分のことばでSMの想像を広げた(48S)。ここでSを含む3者が自然に発話

をつないでいることから、このとき親子がどれほど過酷な状況に追い込まれたのかについて、3者で共通理解がなされていることが分かる。

さらにSMは、子どもたちが幼い様子をいつも一緒に登下校する友だちの1人であるAちゃんの弟に喩えた（49SM）。「Aちゃんのママが弟を抱っこするのは大変だろう、女はどうしても力が弱いから」とTがSMの喩えを教材文の文脈につなげて発展させると（50T）、SMも同感し（51SM）、Sも「子ども2人だもの」（52S）と自分のことばで同感を示す。ここでも3者による共通理解が生まれている。

戦禍の中、親がどのように子どもへの愛情を貫こうとしたのかを、小学校3年生の子どもに想像させるのは容易ではない。しかしやり取りの最後の部分で、Sを含む3者が過酷な状況について共通理解をもつことができたことから、Sが「親の愛」を具体的な実感をもって捉えることができたと考えられる。それは、Sの母が自分たち家族に喩えて父親の不在の深刻さをSに訴えたり、幼い子どもを抱えた母親の大変さを友だちの親子の様子に喩えたりすることによって、親の「愛」という抽象概念が具体的な体験に裏打ちされて理解される過程であると言えよう。会話例3-1と同じように、母親ならではの説得力のある喩えである。

また、やり取りを見ると、Tによる当時の社会的背景や人々の考え方に関する解説が、Sの母の日本の戦争に対する理解につながり、Sに対する母親ならではの喩えにもつながったと考えられる。

7.3.4　家族の愛情に関わる生活体験：
　　　　Y親子の事例①「わたしが話し始めた頃」

続いてY親子の事例に進む。教材文『一つの花』（小学校4年生）も戦時下の親の愛情が描かれた物語文である。主人公の女の子「ゆみ子」は、食糧難のため「一つだけちょうだい」ということばを最初に覚えたという。どの親にとっても子どもの初語を耳にするのはこの上ない喜びである。子どもの方はその頃の記憶はないが、親から赤ちゃんのときの愛らしい様子を聞くことによって親の愛情を確認できる。会話例3-3-1では、音読に続いて口頭で内容理解を行っており、Yの初語に関わる話題に発展した。二段階に分けて例示する。母語先行学習であるが、日本語が交じっている部分もある。日本人支援者が日本語を交えて話している部分

第7章　研究3：家庭での体験を基盤とする概念発達の分析

が多いが、YM（Yの母）も日本語の会話に問題がないため、やり取りに支障を来すことはない。なお、日本語の発話はゴシック体で表した。

会話例3-3-1で、TはYMにYが話し始めた頃の様子を尋ねる（4T）。

〈会話例3-3-1〉　わたしが話し始めた頃①

			『一つの花』（小4）Yに対する母語先行学習　　　　　　　　　　2011.7.3
	4	T	你记得吗？什么时候什么情况的时候，Y第一次说话？姥姥听了的，说话的情况，她开始说话的情况？ 【お母さん覚えていますか？　Yさんがいつどんなふうに話し始めたか。おばあちゃんから聞いた、話し始めたときのこと】
→	5	YM	大概都忘了。【もうすっかり忘れちゃったわ】
	（中略）		
	24	T	妈妈，妈妈好像可以。おじいちゃん[3]爷爷，じ、じ、じ。我女儿，那个，ご、ご、说ご、ご、ご是什么意思，你知道吗？ 【うちの娘は「ママ」も言っていた。おじいちゃんのことは、「じ、じ」って言った。（笑）それから、娘は「ご、ご」って言った。何だか分かる？】
	25	Y	公鸡【おんどり】
	26	T	ご、ご、就是リンゴ、イチゴ。我女儿说，ご、ご、イチゴ、リンゴ。苹果，草莓的意思。 【「ご、ご」は、リンゴとイチゴの意味。（YM：ああー）（笑）わたしの娘は、「ご、ご」って言った《ものを指さす動作》，（Y：ご、ご（笑））リンゴとイチゴのこと】
	27	YM	她喜欢吃。【先生の娘さんはイチゴとリンゴが好きだったのね】
	28	T	うん、ご、ご
	29	Y	还说什么呀？【他に何て言ったの？】
	30	T	うん、あと、けっこういろんなこと言ったな。
→	31	Y	你看！老师这么大了，都会记得她女孩儿小的时候。你这么年轻，我这点儿了，你还不记得我怎么了！ 【ほら、先生はママよりこんなに年上なのに、娘が小さかったときのことをはっきり覚えているのよ！《右手を大きく上下に動かしてYMを指さす》ママはまだ若くて、（T：笑）わたしはこんな小さいのに、（T：面白い）わたしがどんなだったか覚えてないなんて！】
→	32	YM	妈妈都忘了。【ママすっかり忘れちゃったのよ】

YMによると、ちょうど話し始める1歳半から2歳の頃、Yは一時期母方の祖母に預けられていたこともあり、記憶がはっきりしないという。「おばあちゃんからその頃のYの様子を聞きませんでしたか？」とTに

聞かれても（4T）、「すっかり忘れちゃったわ」と答えた（5YM）。ずっと以前のことを咄嗟に答えられないのも当然であろう。そこでTは、自分の娘が話し始めた頃のことをいろいろと話せば、ヒントとなり、思い出してくれるのではないかと考えた。中略された部分で、Tは、一般的に女の子の方が男の子より話し始めるのが早く、2歳前から話し始めるが、それは中国でも同じかとYMに確認する。そして、うちの娘も2歳前からいわゆる赤ちゃんことばを話し始めたと語る。

　Tがまず挙げた赤ちゃんことばの例は、「ママ」の他に、「じ、じ」と言ったというもので、それは「おじいちゃん」のことであった。次の例は、「ご、ご」というもので、「何のことだと思う？」とYに当てさせる（24T）。Yは中国語の発音から連想して「公鸡（発音：ゴンジー）（おんどり）」と答えた（25Y）。正解はリンゴとイチゴであったが（26T）、Yは興味を示し、「ご、ご」（26T中の埋め込まれた発話）と真似して言ってみたり、もっと例を聞きたいとTに求めたりする（29Y）。YMも興味を示すが（27YM）、まだYのその頃の様子を思い出すには至らない。するとYは、右手で母親を指さし、その手を大きく上下に動かしながら、つまり指さして説教をするように、「ママより年上の先生がこんなに自分の娘が小さかったときのことを覚えているのに、ママは先生より若くて、わたしはまだ小さいのに、覚えていないなんて！」と母親に訴えた（31Y）。しかし、YMの記憶はまだ蘇らない（32YM）。

　データは省略するが、続くやり取りの中でも、Tが様々な赤ちゃんことばの例（ブーブー、ワンワンなど）を挙げる。次の会話例3-3-2では、Tの娘が話し始めた頃、「じ、じ（おじいちゃん）」の他に、家族をどう呼んだのかの話題が続く（46T, 48T）。

〈会話例3-3-2〉　わたしが話し始めた頃②

『一つの花』（小4）Yに対する母語先行学習			2011.7.3
	46	T	还有，她把爸爸叫と、と、と。 【それから、お父さんのことを「と、と、と」って言ったよ】
	47	YM	おー、お父さん。
	48	T	お父さんのこと、と、と、と。（Y：と、と）把我叫か、か、か。 【わたしのことは「か、か、か」って呼んだ】

第7章　研究3：家庭での体験を基盤とする概念発達の分析

135

	49	Y	お母さん
	50	T	「か、か、か」、可愛いでしょ？「か、か、か」「と、と、と」、「ご、ご、ご」
	51	Y	《赤ちゃんのような高い声》と、と、と
(中略)			
	54	T	她不再说ご、ご、ご。也不再说か、か、か、と、と、と。自己忘了。【そのうち、もう「ご、ご」って言わなくなった。（笑）（YとYM：笑）「か、か」も「と、と」も言わなくなった。自分で覚えていない】
	55	YM	一开始的时候。【最初だけだったのね】
	56	T	自己也忘了。【／自分でも忘れちゃった】
→	57	Y	那么我一开始的时候，你给我讲讲嘛！姥姥说###就不知道了？你必须得给我记住！ 【／ママ、わたしが最初に話したときのことをわたしに教えてよ！《テーブルを叩きながら、大きな声で母に訴える》おばあちゃん何て言ってたの？分からないの？わたしのために覚えていなくちゃだめじゃない！】
→	58	YM	你一开始说，也是妈妈吧，爸爸吧。 【やっぱり、始めはママとパパだったんじゃないかしら】
	59	Y	(0.5) 然后呢？【《YMをまっすぐ見る》それから？】
→	60	YM	拿，给。「取って」と「ちょうだい」
	61	T	拿，给。あー、拿，给。【あー、「取って」と「ちょうだい」だったんだ】
→	62	Y	拿，拿【《赤ちゃんのような高い声で》取って、取って】
	63	T	拿，给，与她比较相似吧？ 【「取って」「ちょうだい」は、（教材文の主人公の）ゆみ子と似ていますね？】 一つだけちょうだいってことだから。拿，给【「取って」と「ちょうだい」。ちょうだい。
	64	YM	要喝水的时候，喝。【のどが渇いたときは、「飲む！」って言ったわ】
	65	Y	喝。要吃的时候，吃。 【飲む。じゃあ、食べたいときは、「吃（食べる）」って言った】
	66	YM	吃好象不是。【「吃（食べる）」は違ったと思う】
	67	T	吃比较难。【「吃（食べる）」の発音は難しいからね】

「じ、じ」がおじいちゃん、「と、と」はお父さん、「か、か」はお母さんというように、家族に関わるTの娘の赤ちゃんことばの話が続く（46T, 48T）。Yも「か、か」はお母さんのことだと分かり（49Y）、「と、と、と」（51Y）と真似もして見せ、楽しそうである。中略された部分では、Tが、

こういう赤ちゃんことばは家族だけが分かって、他の人には何のことだか分からないが、親は「いい子ね、お利口ね」などと喜ぶものだと話す。

また、Tはそのうち、うちの娘はいつの間にかこれらの赤ちゃんことばを話さなくなって、本人は覚えていないと話す（54T）。そして「最初だけだったのね」（55YM）、「忘れちゃったのね」（56T）のようにYMとTが話していると、Yが56Tの発話に重ねて再び母親に迫った。大きな声でテーブルを叩きながら「ママ、わたしが最初に話したときのことをわたしに教えてよ！ わたしのために覚えていなくちゃだめじゃない！」と訴えたのである（57Y）。

Yの切なる訴えが母としての記憶を呼び覚ましたのであろうか。YMはついにYの初語を思い出してくれる。まず一般的な「ママ、パパ（妈妈,爸爸）」（58YM）を思い出し、Yのさらなる要求「それから？」（59Y）に応えて、「取って（拿）」と「ちょうだい（给）」も思い出した（60YM）。ようやく母が思い出してくれた初語を、Yは赤ちゃんに戻ったような高い声で噛みしめるように口にしていた（62Y）。それは、偶然にも、教材文の主人公ゆみ子の初語「一つだけちょうだい」に似ているとTが気付く（63T）。YMは続いて、のどが渇いたときに「飲む（喝）」と言っていたことも思い出してくれる（64YM）。それを聞いて、Yはお腹が空いたときは「食べる（吃）」と言ったのではないかと考える（65Y）。しかしYMによると、話し始めた頃にYが「食べる（吃）」と言うことはなかったようである（66YM）。それについてTは、中国語の「食べる（吃）」は「ママ、パパ（妈妈, 爸爸）、取って（拿）、ちょうだい（给）、飲む（喝）」と比較して発音が難しいからであろうと話す（67T）。

会話例3-3-1、3-3-2からは、親の「愛」が、Y親子の具体的な生活体験に裏打ちされて捉えられている様子が窺える。それは、Yが話し始めた頃の様子に伴われる具体的なことば（「取って（拿）」や「ちょうだい（给）」）が抽象概念「愛」とつながると同時に、Yが母親の愛を実感するという温かな感情も伴われた概念発達の過程と解釈できる。

またやり取りの相互作用を見ると、Yの母が思い出せない様子を見て、Tが自分の娘の赤ちゃんことばをいろいろと挙げたことが注目される。それがYの活発な反応（赤ちゃんことばの他の例を聞きたがる、「と、と」と真似するなど）や、ママに思い出してほしいと切に嘆願することにつながった

第7章　研究3：家庭での体験を基盤とする概念発達の分析

と考えられる。Tの具体的な働きかけは、Yの母に対しても明確なヒントを与えた。Yの切なる訴えとTのヒントによって、ついにYの母の記憶が蘇ったという流れである。おそらくYの母は1人では記憶を蘇らせることができず、Yを満足させることは難しかったであろう。しかし3者による相互作用あるいは相乗効果によって、Yの可愛らしい赤ちゃん時代が共有され、Yは親の愛を再確認することができた。

7.3.5　家族の愛情に関わる生活体験：Y親子の事例②「わたしの名前」

　最後の例は教材文『三つのお願い』（小学校4年生）を通じて生まれたY親子の作文の往還である。『三つのお願い』も主人公の少女と母親との心の交流が描かれている。少女が三つの名前をもっていることに支援者は着目した。子どもの名前には名付けした親や親族の思いが込められている。支援者は、Yは自分の名前の由来を知っているだろうかと考えた。もしまだ知らないなら、それを知ることを通じて親の愛を再確認させたいと考えた。

　しかし、名前の由来を仲立ちにY親子の交流を深めようという試みは長い時間を要した。次の表7-2に示したように、約6週間に渡り、支援者による段階的かつ粘り強い働きかけを必要とした[3]。

　1週目、Yの母にYの名前にどのような意味が込められているのかを話してもらったところ、3週目にYは自分の名前に使われている漢字2文字の意味を簡単に書いただけの作文を支援者に渡した。意図が十分に伝わっていない、Yの母はきっとYの名前に彼女らしい願いを込めたはずだと考えた支援者は、4週目以降に再度挑戦する。4週目に意図を再度丁寧に説明するだけではなく、5週目には名前の由来にちなんだ絵本『しげちゃん』[4]を用意し、他の親子の名付けをめぐるエピソードを共有した。Yの母には思い出してもらうため、Yには親が子どもに名前を付けるときどんなことを考えるのか、イメージを膨らませるためである。

　すると6週目、Yの母は約500字に及ぶ中国語の作文を差し出した。彼女がこれほど長い文章を書いてくれたのは初めてだった。それはまず誕生前の期待、次に誕生の瞬間と感動を書いた上で名前に託した思いを詳しく書いたものだった。この日Yも母の作文を読んで改めて約200字の中国語の作文を書いていた。以下は2人の作文である。

表7-2　Y親子：「わたしの名前に込められた思い」をめぐる作文往還の進展

	日付	進んだ内容
1週目	2011.11.27	Yの母にYの名前にどのような意味が込められているかを口頭で話してもらい、Yにそれを聞いてどのように考えたか中国語で作文に書くよう課題を出す
2週目	2011.12.4	時間の関係でこの活動の時間がとれず
3週目	2011.12.11	Yは、母から聞いた自分の名前の意味、主に漢字二文字の意味をほぼそのまま数行の文章に書いたものを支援者に渡す ⇒親の思いやYの感想が十分ではないと感じ、支援者は再挑戦したいと考える
4週目	2011.12.18	意図をしっかり伝えるため、再度支援者が趣旨説明し、生まれたばかりの子どもを抱いたときの親の気持ちを思い出してYにもう一度話してほしいとYの母に頼む
5週目	2011.12.25	この日も作文はできていない ⇒支援者は、名前にちなんだ絵本『しげちゃん』を用意し、名前に込められた親の思いを3人で共有
6週目	2012.1.8	Yの母とYが作文を支援者に渡す

Yの母の作文「Y的出生【Yの誕生】」

没出生时就知道是一个女孩，我每天都期盼着能快点到出生的那一天，希望她快点降临到这个世界，也一直在想像着，会是什么样的女孩呢……

阵痛开始了，虽然有些紧张，但一想到要见到将要出生的女儿，心里又高兴又担心。肚子痛得越来越厉害了，痛得什么心情都没有了，按着护士教的呼吸法进行深呼吸。

到了产床开始生孩子了，在最后一次用全身的力气之后，她像迫不及待的样子似的，一下子生出来了，弄得医生有些慌乱。没有马上听到哭声，我好紧张，医生麻利地用吸管迅速吸出婴儿口，鼻里的羊水，哇的一声一个响亮的哭声。我松了一口气，痛苦一瞬间消失了。我等到护士们把婴儿洗完澡后，把到我的胸前，好可爱啊，圆圆的小脸，小眼睛，小嘴，细细的小手，一切都这么小。她浑身无力的趴在我身上，我不知道怎么抱她，生怕弄痛了她，高兴得我流出了泪水。我想我一定要好好的保护她，教育她，希望她幸福的生活。

起一个什么名字呢？ 在父亲选出的几个名字预选的字里面，最后挑出中国和日本发音相似的字。〇是希望什么都不缺，△是希望有利

益，伶俐。妈妈希望○△一生都顺利平安，对大家做出有利益的善良的人。○△——。

【生まれる前から女の子だと分かっていた。誕生の日が早く来るといいなあと毎日待ちきれない思いでいた。早くこの世に降り立ってきてほしい、どんな女の子だろう…とずっと思い描いていた。

　陣痛が始まった。緊張してきたけれど、それ以上に生まれてくる女の子に早く会いたいと思い、心の中で嬉しさと心配が交差した。お腹の痛みがどんどん激しくなってきて、痛くて気を失いそうになった。看護師に教えてもらった呼吸法で大きく深呼吸した。

　ついに分娩台の上で誕生のときを迎えた。最後に全力を振り絞っていきんだとき、赤ちゃんが、まるで待ちきれなかったように一気に生まれてきた。医師が慌てたほどだった。泣き声がすぐには聞こえなかった。どうしたのだろうと気がせいた。医師が手慣れた手つきでてきぱきと鼻の中に入った羊水を管で吸い取ると、わあーーという元気な泣き声が響き渡った。ホッと一息ついたら、痛みも苦しさも一瞬のうちに吹き飛んでいた。

　看護師が赤ちゃんの体をきれいにしてわたしに抱かせてくれた。何て可愛らしいんだろう。丸い小さな顔、小さな目、小さな口、かぼそい手、何もかもがこんなに小さいのね。赤ちゃんは頼りなげにわたしに寄りかかってきた。痛くならないようにどう抱いてやったらいいのか分からなかった。嬉しさのあまり涙が溢れた。この子をしっかり守って育てなければいけないと強く思った。この子の幸せな暮らしを心から願った。

　何と名付けたらいいだろうか。夫があらかじめ選んでおいた漢字の中から、中国語と日本語で発音が似ているものを選んだ。○の字に完全無欠であるという願いを、△の字に人に益をもたらし利発になるという願いを込めた。

　○△（Yの名前）、お母さんは、あなたの一生が順風満帆で平穏であること、あなたが周りの人に益をもたらす善良な人になることを心から願っています。】

Yの作文「我的出生感想【わたしの誕生の感想】」

　　我没记着我出生时的情景，我看了妈妈写的我出生时的经过，我感到很幸福。妈妈喜欢我，我很高兴。

　　我又听妈妈说我回到家以后，姥姥，奶奶，姨奶都来了，她们都围着看我。如果我哭了的话，她们都抢着抱我。她们又给我洗尿布，看着我，我好幸福啊！

　　我的名字叫○△，日本的念法叫◇◇，妈妈希望我对大家做出有利益的善良的人，我也这么想。我很喜欢我的名字！～～～

【生まれたときのことは覚えていないけど、ママが書いてくれたわたしが生まれたときの作文を読んで、とても幸せだと思った。ママはわたしを愛していると分かったから、とても嬉しかった。それに、退院して家に帰ってから、母方のおばあちゃん、それに父方のおばあちゃんとそのお姉さんがやって来て、みんなで世話してくれたとママから聞いた。わたしが泣き出すと、3人で競争してわたしを抱っこしたそうだ。それからおむつを洗ってくれて、あやしてくれて、わたしはとても幸せな赤ちゃんだったのね！

　　わたしの名前は○△、日本語では◇◇と読む。ママはわたしに周りの人に益をもたらす善良な人になってほしいと願ったのね。わたしもそうなりたいと思う。わたし、自分の名前が大好き！】

　Yの母が書いてくれた作文には、誕生前から名付けまでという、支援者の意図よりも大きな文脈の中で、親の愛情が溢れている。誕生前の期待と不安、誕生の瞬間とトラブル、目も口も何もかもが小さい生まれたばかりのYを抱いたときの感動、幸せを願うと同時に母として責任を負っていく覚悟、そして名前の意味とそれに込められた願いが綴られている。

　一方、Yが書いた返答の作文には、母から教えてもらった自分が生まれたときのことが書かれている。2人の祖母と大叔母が競争するように自分の世話をしてくれたことを知り、愛されて生まれてきたことがしっかりと実感されたことが分かる。そして、自分の名前に託された親の思いを知り、名前が好きになったと結ばれている。

　この親子の作文の往還を通じて、「親の愛情」が、Yの誕生と名付けと

いうY親子の具体的な生活体験に結び付いて理解されたことは、言うまでもなかろう。

支援者の意図がYの母に伝わるまでには時間がかかったが、働きかけの成果は支援者の期待を超えるものだった。支援者の働きかけによって、Yの母の母としてのことばの力が呼び覚まされ、それがYにしっかりと伝わり、親の愛情と名前に込められた思いが親子で共有されたことがありありと認められる。

7.4 研究3：まとめと考察および課題

家庭での体験（親子に共通する生活体験）を基盤とする学習の中で、どのような概念発達が見られただろうか。会話データと作文を記述・分析した結果、具体的な体験が抽象概念に裏打ちされて理解されている過程が明らかになり、また、二組の親子に共通した相互作用の様相が認められた。

まず、体験に裏打ちされた概念理解として、会話データと作文の分析から、抽象概念「愛（親の愛情）」が、親子が共有する生活体験（親子の日常の暮らし）に裏打ちされて理解される過程が明らかになった。抽象概念の理解と結び付いた親子の日常の暮らしとは、具体的には、Sが赤ちゃんだったときにSの母が愛情込めて世話をした様子、戦時下で必死に子どもを守ろうとした母親の気持ちを想像させるためにSの母が自分たち家族に喩えたこと、Yの初語、Y誕生と名前に込められた思いなどであった。子どもの方は小さかった頃のことを覚えていないが、学習を通じて親子で共有する体験となったと考えられる。

特に「戦時下の親子の愛情」（7.3.3項）は、日本の特異な歴史的・社会的状況における親子の苦境を理解しようするものであり、言語少数派の子どもにとって文化的・歴史的な隔たりを感じやすい内容である。しかし、Sの母親が自分たちの家族に喩えて国や文化を超えた普遍的な「家族の愛」を子どもに提示することによって、文化的・歴史的な隔たりを縮めることができたと考えられる。

中村は「身をもって理解すること」を「子どもが自分自身のこれまでの知識や感情体験をすべて総動員し、重ね合わせて理解すること」（中村

2010: 157）と定義している。中村のこの見解は「単語は、それが織り込まれた文脈全体から自分自身の中に知的・情動的内容を受けいれ、吸収し、われわれがそれを孤立的に文脈外で見るときにそれに含まれているものよりも、より多くのものを意味するようになる」（ヴィゴツキー 2001: 415、下線は筆者）を踏まえてのものと考えられる。第2章にて、本研究では「概念が変化したり広がったりする様相」を「概念発達」と定義したが、その根拠としたヴィゴツキーの論述である。「自分自身の中に知的・情動的内容を受けいれ、吸収し」（下線部分）とあるように、「感情体験（情動内容）」に言及されていることに注目したい。学校教育の教授を受けることは知的側面における理解や発達にとどまらない。体験の中で経験した「感情」と重ね合わされて初めて「分かる」ことに達する（中村 2010: 156）のである。同様に西本も、概念発達は「学習者の体験や情動をも取り込んだ〈個人的・具体的なもの〉と〈一般的・科学的・抽象的なもの〉との不断の往還運動の中において捉えられる」（西本 2003: 7）としている。つまり、「身をもって理解する」概念発達は、自分の体験と重ね合わせるとき、その体験が生起したときの心の動きも伴われて理解につながるのが自然だということであろう。研究3の分析からは、「愛（親の愛情）」が、表面的な、あるいは辞書的な概念の捉え方ではなく、親子に共通の体験に伴われることやや行為、そして感情とつながって捉えられる様子が見て取れる。例えば、「心を込めて世話する（精心照料）」という成語に象徴される「愛（親の愛情あるいは肉親に準ずるものへの愛）」（7.3.2項）は、Sの母が愛情を込めてSを育てたときの具体的なことばや行為、そのときの思いや心の動きも伴われて理解されていたと考えられる。また、我が子の初語を喜ぶ親の「愛」（7.3.4項）の例では、教材文の主人公の初語「一つだけちょうだい」とともに、Yが母の愛情を実感しながら口にした自分の初語「取って」「ちょうだい」とつながって、温かさに満ちた概念となっている。まさに、「知的なものと感情的なものとの統一体」（中村 2014: 23）である。このように、親子が共有する体験に根差した温かな「感情」を伴う概念発達の過程が、研究3の分析で得られた概念発達の様相である。

　また、やり取りからは、二組の親子に共通して興味深い相互作用の様相が認められた。それは、子どもの反応と出会うことによって、母親と

しての豊かなことばの力が引き出されたというものである。「食べきれないよ」などのSのそっけない返答に対し、Sの母が「いや、そんなことはない」と幼い命を慈しんで育てる行為をあれこれと想像して披露する（7.3.2項）、「ママ、思い出して！」というYの嘆願に対し、Yの母がついに記憶を呼び覚ます（7.3.4項）などである。Sのそっけない返答、Yの必死の訴えというように、対照的であるが、いずれの親子も、「体験」と「愛」を仲立ちに、親と子がことばを介してしっかり結ばれていくプロセスが窺える。

　小学校の国語教材文は親子の愛情や家族の絆を描くものが多い。家族の愛情を「身をもって理解する」（中村2010: 157）ことを目指すとき、当然ながら支援者のことばよりも母親のことばの方が大きな力をもち、子どもの心に強く響いた。子どもが小学生で、まだ親への依存が強い年齢であることも関係しているだろう。生活的概念（生活経験）の形成の主たる場は地域社会であり家庭である（川田2014: 33）。そう考えたとき、家庭で家族をつなぐことばが安定して機能しているかどうかが、概念発達の基盤となる生活体験を豊かに育むことに影響を与えるであろうと示唆される。

　以上のような分析結果のまとめを踏まえ、教育現場への示唆を考察する。

　第一に、上で述べたように、概念発達の基盤となる生活体験が育まれる主たる場が家庭であることを踏まえると、家族あるいは親子をつなぐことばとしては、やはり少数派言語である子どもの母語（あるいは家庭言語）が想定される。研究3で分析したデータはいずれも母語先行学習から得たものである。Sの母もYの母も、母語でなければ考えや思いを十分に伝えることはできなかったであろう。2人の子どもも、相互育成学習の中で母語を介した学習を継続し母語を保持しているからこそ、母親のことばの力の恩恵を享受できたと言える。ここから、相互育成学習のような母語による教科学習が確保されている学習の場の重要性と必要性が再確認される。

　第二に、支援者が担った役割について述べる。支援者は、成語の意味をより具体的に把握するよう働きかける、時代背景を説明する、自分の子どもの例をヒントとして挙げる、子どもの名前に込められた親の思い

を共有するために関連する絵本を用意するなど、親子のことばと心の交流が活発になるように、様々なアイデアや方法を考え、実行していた。こうした働きかけを通して、支援者は、子どもの概念発達に貢献したと同時に、母語を使って母親が最大限にことばの力を発揮する環境作りに貢献したと言えよう。分析から分かるように、母親は様々な豊かな経験やことばをもっている。しかし、誰かの援けを得られなかったら、1人であったなら、その重要性に気付き、それを活かして子どもの発達に貢献することができたであろうか。ここでヴィゴツキー理論を応用して考えてみたい。子どもは発達の最近接領域において他者から援けを得ることによって発達の領域を拡張することができる。そこで母親も参加者の1人であると看做すと、母親も支援者の援けを得て、子どもに向き合うためのことばの力を拡張し、教育力を行使できる領域、換言すれば親として成長できる領域を拡張できたと言えるのではないだろうか。子どもに限らず、人は他者とことばを交わす、あるいは社会的な交流をもつことによって、自分の限界を克服する可能性を広げることができるということである。Sの母、Yの母にとっては、相互育成学習がまさに社会的・教育的な援助と交流を得られる場であったと言えよう。言語少数派の母親が親としての「発達の最近接領域」を拡張したという意味合いにおいても、相互育成学習のような、日本語のみではなく母語を使って教科学習を行う学習環境の意義が再確認される。

　最後に、研究3から得られた課題を述べる。

　研究1で課題として述べた、家庭での生活体験を学習に取り入れることについての是非についての課題である。研究3では、家庭で家族との間で生まれた体験を基盤とする学習を分析した。研究1と同じく、これは、言わば家庭のプライベートの部分を支援者という他者を交えた学習にもたらすことにもなり、慎重に相手の意向を探りながら取り組まなければならない。決して土足で踏み込むようなことがあってはならず、支援者も細心の注意を払った。例えば、7.3.5項のY親子の作文「わたしの名前」の学習に取り組むときには、まずYの母にYの名前の由来を簡単に尋ね、それをYが知っているかどうかを確認しつつ、Yの母の反応にどこか気まずいものがないかどうか慎重に探った[5]。

　研究3の事例から分かるように、家族の愛情に関わる生活体験を教材

第7章　研究3：家庭での体験を基盤とする概念発達の分析

文における概念理解に結び付けるためには、親あるいは年上の兄弟など
の協力が欠かせない。子ども1人では家庭での体験を掘り起こすことが
難しいことも考えられ、家族ではない支援者のことばの力は家族に遠く
及ばないでからである。同じように子どもの家族などの言語少数派の大
人の協力が欠かせないとされた先行研究に、神戸市の小学校で行われた
ベトナム戦争をテーマとする調べ学習の授業がある（落合2012）。落合
は、躊躇する保護者を説得し、1人の保護者が6年生の子どもたちにベト
ナム戦争の体験を語ってくれたが、それができたのは、その小学校のベ
トナム語母語教室での様々な活動を通じて学校側と保護者との間で緊密
な関係を築いていたからだと述べている。家庭での体験と戦争体験を同
列に述べることはできないが、そうした体験や問題についてどのように
考えているのかを尋ねること自体、そもそも他人の知る由もないことと
も言える。相手の考えを基準に、謙虚にこちらの考えを伝えなければな
らないだろう。本研究では、落合のフィールドと同様に、支援者と2人
の母親との間には時間をかけて関係構築がなされている。しかし関係構
築がなされていたとしても、触れてほしくはないことがらもあるであろ
う。授業や学習支援において、体験を基盤に実感をもった理解を目指す
ことには、誤解や相手を傷つける危険も伴うことを常に心に銘記してお
かなければならない。

注	[1]	JSLカリキュラムについては、第2章2.4.1項で述べた。
	[2]	このSの発話は日本語である。
	[3]	この活動は他の教材文の学習と並行しながら行われた。
	[4]	俳優室井滋作の絵本。女の子なのに「滋」という男の子に多い名前なので、小さい頃からとてもいやな思いをしたが、「亡くなった兄の分まで元気に育ってほしい」という両親の願いを知って、自分の名前が好きになったという内容。
	[5]	2011年11月27日の支援記録に「ママは困った様子を見せなかった。Yの名前のことを取り上げても大丈夫だろう」という記述がある。

第8章 総合的考察：言語少数派の子どもの概念発達を促す教科学習支援の提案

8.1 研究1、2、3のまとめ

　まず、研究1では、家庭での体験および日本での体験を基盤とする学習の中で、どのような概念発達が見られるかを探った。分析の結果、具体的な体験（子どもがいつも目にしている職人としての父親の姿、子どもの夏休みの水泳の体験）に照らし合わせて抽象概念（「親方」と「意地」）が理解される過程が明らかになった。子どもの夏休みの体験については、必ずしも抽象概念とつながったとは判断されなかったが、体験が他者とともに抽象的に捉え直されたことは認められた。また、生活体験と抽象概念の相互作用の中で、子どもの概念理解が変化し、広がっていくという概念発達の様相が見られた。具体的には、2人の大人が働きかけ、それに対し子どもが応答を重ねる中で、抽象概念「親方」の理解が広がり、「意地」についても、子どもが想像を広げたり自分の知っている概念と摺り合わせたりして概念を広げている様子が認められた。その過程では、子どもが母親の援けを得るために母語に切り替え、自然の流れで日本語に戻るというやり取りが見られ、二言語が融合した概念発達の可能性が示された。

　さらに、発達の最近接領域の視点から見ると、子どもの概念の変化や広がりは子どもが独力で達成するのは難しく、大人の働きかけが不可欠であることが分かった。母語先行学習と日本語先行学習の両方で母親による母語の働きかけが鍵となり、概念が広がったと認められる。しかし同時に、子どもは誘導されるばかりではない発話もしていた。このことから、子どもは自ら発達していく力を有しており、大人の働きかけはと

きに行き過ぎる危険があることが示唆された。

　次に、研究2では、母国での体験（子どもが故郷に里帰りしたときの体験）を基盤とする作文を書く学習の中で、どのような概念発達が見られるかを探った。分析の結果、子どもはニワトリを外見的特徴から「抜きんでた存在」として捉えており、体験と結び付けて教材文の世界を追体験していたことが分かった。また、子どもの内面にある、ことばになっていない記憶や思い出が「もっとも初歩的なタイプの一般化（＝抽象化）」（ヴィゴツキー 2001: 229）を経て言語化（＝概念の選択）されるという概念発達の様相が明らかになった。言語化の過程として、五つのカテゴリー（①子どもが独力で言語化したもの／②支援者の働きかけによって子どもが言語化したもの／③子どもが非言語行動などを示すことによって支援者の言語化を引き出したもの／④支援者が独自に言語化した提案を子どもが受け入れたもの／⑤子どもが概念を吟味しながら言語化している様子）が認められた。そうした過程では、二つの言語をもつからこそ、一方の言語で表現しきれなかった概念をもう一方の言語で表現できたことと、子どもが自然に母語と日本語を行き来している様子も明らかになった。

　さらに、発達の最近接領域の視点から見ると、大人の働きかけが不可欠であることが分かったが、子どもが支援者から援けを引き出すために絵を描いたり鳴き声を実演したりするなど様々な手立てを駆使し、非常に主体的・積極的なやり取りを展開していたことも分かった。ここから、概念の発達が他者との相互作用により促される中で、子どもは決して導かれるばかりの存在ではないことが示唆された。このように子どもが主体性を発揮したのは、概念発達の「源」である「体験」を子ども自身が握っているからであると考えられる。

　最後に、研究3では、家庭での体験（親子に共通する生活体験）を基盤とする学習の中で、どのような概念発達が見られるかを探った。分析の結果、親の愛情や家族の絆を主題とする教材文の学習の中で、抽象概念「愛（親の愛情）」が、親子に共通する体験（＝親子で日常的にやり取りされている具体的なことばや行為）とそれに伴う感情とつながって捉えられる様子が認められた。中村は体験の中で経験した「感情」と重ね合わされて初めて、「分かる」ことに達すると述べているが（中村 2010: 156）、これは、二組の親子の触れ合いと温かさが伴う概念発達の様相であると言える。

またやり取りの詳細を見ると、二組の親子に共通して、子どもの反応と出会うことによって、母親としての豊かなことばの力が引き出されるという相互作用の様相が認められた。

さらに、母親も学習の参加者の1人であると看做したとき、発達の最近接領域において子どもが発達の領域を広げるように、母親も、日本人支援者からの様々な援助と働きかけを得ることによって、また子どもの反応と出会うことによって、親としての発達の領域を拡張している様子が認められた。

以上のような分析結果を、序論で述べた本研究の問題意識と照らし合わせてみる。教科学習では子どもの生活文脈とは異なる概念の使われ方や抽象的思考が求められるため、「分からないままあきらめてしまう」「表面的に理解する」「丸暗記する」というような安易な理解にとどまってしまうことが起こり得る。言語少数派の子どもの場合は、生活文脈と学校文脈の隔たりの中に言語的・文化的隔たりも内包されているため、さらに困難を抱えることが予想される。本研究は、言語少数派の子どもたちの支援に長年携わってきた筆者（支援者）が、「分からないまま」「表面的理解」「丸暗記」ではない理解、つまり「身をもって理解すること」（中村 2010: 157）とはどのようなものかを、ヴィゴツキー理論を参照した分析視点をもって、実際の学習支援から得られたデータをもとに探求した。

分析の結果、生活の中で得られた、子どもの体験、あるいは親子に共通の具体的な体験に根差した「身をもって理解すること」（中村 2010: 157）が例証された。その体験とは、家庭で子どもが普段から見ている父親の姿、友だちとともに無心に泳いだ夏休みの経験、故郷に里帰りしたとき母親がそばにいなくても元気に楽しく動物と触れ合った体験、子どもを愛情込めて育てた母親自身の経験、教材文の主人公と同じように子ども自身も家族の愛情に抱かれ育まれてきたこと、などであった。ヴィゴツキーは、科学的概念は既成のかたち、つまり出来上がったかたちで子どもに受け入れられるのではないと述べる（ヴィゴツキー 2001: 229）。こうした子ども自身の具体的な体験が抽象概念に結び付いて理解されることは、まさに「既成のかたち」ではない、その子どもに合った概念理解のかたちと言えるだろう。筆者はこれまで実践の中で母親と協力して子ど

第8章　総合的考察：言語少数派の子どもの概念発達を促す教科学習支援の提案

もの知っていることや体験したことを学習と結び付けることに漠然と「手応え」を感じていた。その理由は、こうした「既成のかたち」ではないその子どもに合った「身をもって理解すること」（中村2010: 157）がなされていたからであろう。

そうした具体的な体験が抽象概念と統合される、あるいは抽象的に捉え直される過程では、次のような概念発達の様相が認められた。すなわち、子どものもともとの概念の理解が変化・拡張していく（研究1）、他者とのやり取りを通じてぴったり合う概念を選び取っていく（研究2）、体験に伴う実際のことばや行為、そして豊かで温かな感情も内包される概念となっていく（研究3）というものである。

そして、こうした概念発達の様相は、子どもが1人で進めたのではない。大人（本研究の場合は子どもの母親と日本人支援者）の働きかけと子どもの応答が積み重ねられることによって促されたことが分かった。大人の誘導や働きかけは欠かせないものであるが、同時に、子どもは導かれるばかりの存在ではないことも明らかになった。誘導されながらも子どもが果敢に自分の思いを吐露したり（研究1）、絵を描いたり鳴き声を実演したりして日本人支援者から表現を引き出したり（研究2）といったように、主体的にやり取りに参加していた。また、支援者の援助を得ることと、子どもの反応と出会うことによって、母親が親としての教育の領域を広げている様子も見られた。

三つの研究を通じて、親子の触れ合いが概念発達に貢献した研究3のみならず、研究1と研究2で明らかになった概念発達の様相も「豊かさと温かさに満ちている」と言ってよいだろう。ヴィゴツキーが概念は知的および情動的内容を受け入れて発達していくと述べているように（ヴィゴツキー2001: 415）、知性や知識は感情と対立するものではない。教科学習は無味乾燥で難解な内容に必死に取り組むものではなく、子どもの心に豊かで温かな感情を育むはずのものである。相互育成学習の先行研究（清田2007, 朱2007など）でも、母語による教科学習が子どもの情意面を安定させ自己肯定感を高めたと報告されている。本研究はヴィゴツキー理論を参照することにより、これまでより一歩進めて、こうした「知」と「心」の関わりを明確に例証したと言えよう[1]。

以上のような分析結果を踏まえ、次節では先行研究の残された課題と

照らし合わせ、本研究で何が明らかになったのかを考察する。

8.2 残された課題がどのように明らかになったか

　先行研究の残された課題とは、第一に、これまでも注目されてきた母文化に加えて、母親の力を借りて子どもや家族に固有の文化的・歴史的背景を焦点化すること、第二に、母国や家庭で生まれた体験と日本に来てから生まれた体験の両面を分析すること、および母語のみではなく日本語を介した学習も分析対象とすること、第三に、書く過程における口頭のやり取りを詳しく分析することの三点であった。

　まず、一点目の子どもや家族に固有の文化的・歴史的背景の焦点化について述べる。

　これまでも言語少数派の子どもの文化的・歴史的な多様性を活かした学習、いわゆる母文化を活用した学習が行われてきた。それは、普段多数派の言語や文化に圧倒されがちな彼らに対し、少数派の言語や文化を価値付けることができる。本研究では、こうした異なる言語や文化への価値付けに加え、子どもや子どもの家族に固有の文化的・歴史的背景を焦点化したことにより、より強く子どもとその家族に固有の文化や暮らしの価値を高めることができたと考える。それは、少数派である彼らに対し、あなたがたの何の変哲もない日常の暮らしは子どもにとって掛け替えのないものである、それは子どもの概念発達の基盤となり得るものであると明確なメッセージを伝えられるということである。

　このことについて、ヴィゴツキーは、科学的概念という高い水準の習得は生活的概念の水準をも向上させ、生活的概念は科学的概念の習得により作り変えられると述べている（ヴィゴツキー 2001: 312）。抽象概念が子どもの具体的な経験に裏打ちされて子どもの内面に取り込まれるのと同時に、具体的な体験は抽象的あるいは科学的に捉え直され、新しい意味が付与されることになる。家庭での何気ない、しかし温かな家族とのやり取りが子どもの概念発達の基盤となることが分かれば、それが光明となり、親子のやり取りは意味合いが変わってくるであろう。言語少数派の親は異なる言語や文化をもつことに引け目を感じ、子どもの教育に貢献できる糸口をなかなか摑めないでいるのではないだろうか。しかし本

第 8 章　総合的考察：言語少数派の子どもの概念発達を促す教科学習支援の提案

研究の分析からは、親が家庭で自分の知っていることやできることを子どもに教え、子どもと心豊かに体験を共有することが、子どもの概念発達の基盤を築き、確かな教育的貢献になるということを示した。

　母国や家庭での体験と同様に、本研究では、言語少数派の子どもが日本語を介して学校などで得た体験の意義も示した。子どもの生活は母語と日本語の二つの言語を介して営まれており、子どもにとって新しい言語である日本語を介した体験が得られるようになることの意義も大きい。そのどちらもが発達の基盤として重要であると考えられる。

　また、子どもや家族に固有の文化的・歴史的背景に関わる体験や知識を基盤とすることは、概念発達の源が彼らの手中にあることを意味する。通常の教科学習では、科学的概念は教科書や教師のことばの中にあるが、こうした学習では彼らの体験とことばの中に源がある。それゆえ、母親の代弁を打ち消すように子どもが自分の本当の気持ちを吐露する（研究1）、子どもが絵を描いたり動作で表したりして日本人支援者から表現を引き出す（研究2）、母親が自らの子育て経験を活かして子どもに対し具体的な喩えをする（研究3）などの主体的なやり取りへの参加が生まれたと考えられる。まさに「子どもとその家族が主人公」となるのである。

　さらに、母親の参加の意義と日本人支援者との協力について述べる。本研究における相互育成学習では、子どもや家族に固有の文化的・歴史的背景に関わる体験や知識を基盤とする学習を実践するに当たり、母親と日本人支援者が、子どもの日常をよく知る最も身近な大人として、生活体験と抽象概念を結び付けるために大きな役割を果たしていた。2人の大人は、子どもの普段の様子を熟知しているからこそ、発達の最近接領域において十分な働きかけを行うことができたと思われる。

　母親の力は、日本人支援者が考案した学習デザインの中で、また日本人支援者が主導して作られた会話の流れの中で発揮されていた。日本人支援者は、一方で親子の日常をよく理解し、また一方で日本の学校の教科学習の内容を把握しているという立場を活かしたのである。このように、本研究の相互育成学習に基づく学習支援では、母親が子どもの日常をよく知る最も身近な大人として、日本人支援者が日本の社会や文化を前提として編まれている教科学習と異なる言語的・文化的背景をもつ親

子とを仲立ちする者として、それぞれの役割を果たし、互いに支え合っていたことが背景にある。

　なお、子どもに固有な文化的・歴史的背景に着目し、「意地」や「親方」などの抽象概念を本研究のように一つ一つ丁寧に取り上げることについて、教科学習で学ぶべき科学的概念が多数ある中、限られた時間でどうしたらよいのかという疑問もあろう。「一つ一つ丁寧に」は「全て」ということではなく、子どもがもっている体験や現場の諸条件に照らして、丁寧に育てる概念をいくつか選択することが現実的であろう。子どもの頭の中に残るのは個別の概念のみではなく、一緒に学習する人たちと丁寧にやり取りを重ねて抽象的思考を進めるといった、一種の「思考のスキル」であると考える。そうした思考が習慣化させることが肝要である。また、本研究では、一つ一つの概念を丁寧に発達させる具体的な過程を明らかにすると同時に、ヴィゴツキー理論に基づく分析と考察を行い、それが何を目指しているのか、どのような意義があるのかといった抽象レベルの議論を展開した。それぞれの教育現場で何をどのように学ぶのかは参加者と環境によって様々であると思われるが、理念として通底するものは、他の現場に応用可能であると考える。

　次に、二点目の母国や家庭で生まれた体験と日本に来てから生まれた体験の両面を分析すること、および母語のみではなく日本語を介した学習も分析対象とすることについて述べる。

　本研究ではこの両面が分析されることにより、子どもが日本に来てからも、家庭で家族と、あるいは一時帰国や里帰りをした故郷で親族と、母語を介してしっかりとつながりながら体験を積んでいることが分かった。それに加え、日本の学校で仲間とともに豊かな体験を新たに得ていることも明らかになった。

　これまで相互育成学習の先行研究では、母語による教科学習が日本語の習得と日本語による教科学習を推し進めるという、母語から日本語へという方向性に焦点が当てられてきた。しかし本研究の分析からは、この方向性とは異なる二言語の使われ方、すなわち、日本語先行学習で子どもが母語に切り替えて母親に援けを求める（研究1）、同じく日本語先行学習で子どもが母語を介して故郷で生まれた体験を自発的に発話する（研究2）といった様子が見られた。いずれも、母親とつながっているこ

第8章｜総合的考察：言語少数派の子どもの概念発達を促す教科学習支援の提案

とばが母語であり、体験が生まれた状況につながっていることばが母語であるゆえに、子どもが自然に母語を選択したと考えられる。そしていずれの場合も、母語に切り替わった後、自然に日本語のやり取りに戻っており、子どもが混乱する様子は見られなかった。こうしたことから、母語と日本語が融合した概念発達の可能性が示されている。そして、この点から特に注目に値する示唆が得られると判断されたため、次節「8.3 結論：本研究から得られた知見と示唆」の二点目として8.3.2項において述べることとする。

　三点目の書く過程における口頭のやり取りを詳しく分析することについて述べる。

　相互育成学習では書く活動を分析したものとしては清田（2007）があるが、プロダクトを分析したものであり、書く学習のプロセスで概念がどのように発達するのかの詳細を明らかにするものではなかった。

　前節の研究2の分析結果のまとめでも述べたが、本研究ではヴィゴツキー理論における概念発達の視点を参照することにより、「子どもの内面に確かにあるが、まだことばとして把握されていない記憶や思い出」が、最も近い概念をもつ語や表現を選択する過程を経て一般化・抽象化される詳細な様相が明らかになった。

　また、概念の一般化・抽象化を促すために、大人が主導することは欠かせないが、子どもが自ら主体的に会話参加している様子も明らかになった。ここから、本研究のように子どもの体験を基盤とするなど、子どもが十分に主体性を発揮できる学習デザインを設定することと、子どもの自発的な発話を生み出す雰囲気作りの重要性が示唆される。

　さらに、書く活動によって何らかのプロダクトに結集し、目に見えるかたちで残ることは、子どもの意欲と満足感にもつながる。研究2の子どもの作文と研究3の親子の作文の往還を通じて、親子の絆をさらに深める成果がもたらされたことが窺える。

　書く活動は時間を要するものでもあり、言語少数派の子どもに対する学習支援の場では、本研究のように書く活動のプロセスに関わりながら丁寧に取り組むことはなかなか難しいという現実もある。しかし本研究の分析から分かるように、言語少数派の子どもの多様性を活かしながら、他者との共同によって子どもの内面にあるものを丁寧に言語化して

いくという書く活動の実践は今後重視されるべきであると考える。

8.3 結論：本研究から得られた知見と示唆

　本研究の目的は、言語少数派の子どもの生活体験を基盤とする教科学習において、概念がどのように発達するのか、また、そうした概念発達を促すためにはどのような支援がなされるべきかを明らかにし、得られた知見と示唆を教育現場に提供するということであった。概念発達の様相については、すでに8.1節で研究1、2、3のまとめとして述べた。

　ここでは、得られた知見と示唆として、第一に、体験を基盤に概念発達を促す教科学習支援のあり方とそれを可能とする学習環境について述べ、第二に、言語少数派の子どものための新しい学習モデルの提案を行う。

8.3.1 概念発達を促す教科学習支援とそれを可能とする学習環境

　本研究では、ヴィゴツキー理論を参照し、「生活体験と抽象概念の統合」を「発達の最近接領域におけることばのやり取り」を注視しながら分析した。

　従来は、教科学習に必要な言語能力の探求として、抽象概念の理解や抽象的思考をどのように発達させるのかが注目されてきたが、本研究は抽象概念や抽象的思考の基盤となるもの、すなわち個人の様々な体験に着目し、具体（生活体験）と抽象概念とのつながりを分析した。そして、言語少数派の子どもは、家族との間で、日本の学校で、また故郷で、様々な豊かな体験を積んでいることが分かった。そしてそうした体験を基盤とすることによって、「分からないままであきらめてしまう」「表面的に理解する」「丸暗記する」ではない「身をもって理解すること」が可能であることが示された。ヴィゴツキーの視点は、子どもに抽象概念の理解や抽象的思考の発達を急がせることなく、まず豊かな体験を積むことが概念発達の基盤を作るのだと教えてくれる。これが体験を基盤とする学習から得られた示唆である。教育現場では、とかく子どもに「早く、たくさん覚えさせる」ことが成果だと考えがちではないだろうか。こうした教える側の思い込みは、大人が子どもを強く導いていかなければなら

第8章　総合的考察：言語少数派の子どもの概念発達を促す教科学習支援の提案

ないという思い込みにも通じているだろう。しかし、本研究で分析した発達の最近接領域におけるやり取りからは、子どもは導かれるばかりではなく、自ら発達していく力をもっていることが示された。言語少数派の子どもたちは確かに教科学習に困難を抱えることが多い。それゆえに、教える側がともすれば子どもを性急に強引に導く傾向がないだろうか。本研究は、子どもに抽象概念の理解や抽象的思考を急がせることなく、他者との十分な交流をもった、心豊かな学習の場をもつべきであると提案する。ヴィゴツキーは、概念は知的および情動的内容を受け入れて発達していくと述べている（ヴィゴツキー 2001: 415）。難解な内容を必死に頭に詰め込もうとするのではなく、心が温かく満ち足りてこその概念発達であろう。

　では、概念発達を促すための教科学習支援のあり方として、そのような他者との十分な交流をもった、心豊かな学習を可能とするために必要な学習環境をどのように作ったらよいだろうか。

　本研究ではいくつかの点から、言語少数派の子どもに対しては、母語と日本語の両言語を介して教科学習を行う学習環境の有効性が示された。子どもは日本に来てからも日本語文脈だけではなく母語文脈で生まれた体験を積み重ねている。本研究の分析結果と、生活的概念の形成の主たる場は地域社会であり家庭であるという指摘（川田 2014: 33）を踏まえると、学習するときに、子どもにとって身近な、家族などの大人から援けを受けられることの重要性が分かる。研究 1 と研究 3 の考察でも述べたように、本研究における母親の働きかけは、文化的・歴史的な異なりから生じ得る隔たりを縮めることにも貢献していた。家族をはじめ言語少数派の大人たちが十分に力を発揮できることばはやはり母語であろう。

　また、発達の最近接領域の観点からも、言語少数派の子どもに対しては母語と日本語の二つの言語を介した他者との共同が最も発達を促すと考えられる。ヴィゴツキーは、子どもの知的能力の可能性は他者との共同の中で高度の水準に高まると述べているからである（ヴィゴツキー 2001: 301）。さらに、本研究の分析では、二つの言語をもつからこそ、一方の言語で表現しきれなかった概念をもう一方の言語で表すことができることも明らかになった。こうしたことから、言語少数派の子どもに対しては、母語と日本語の二つの言語を介して、他者と十分な交流をもちなが

ら、どちらの言語の文脈で得られた生活上の知識や体験であっても、それを活かすことができる学習環境の必要性が分かる。こうしたことから、言語少数派の子どもの概念発達を促す教科学習支援の一つとして、相互育成学習のような、母語と日本語の二つの言語を介して他者と十分に交流しながら教科学習を行う学習支援方法の有効性が再確認される。

言語少数派の子どもの母語の重要性は多くの研究者が強調していることだが（Cummins 2000, 中島2010, 岡崎2010など）、現場からは、母語や家族の暮らしを学習に活かそうとしても、子どもが家庭でそもそも母語を使わなくなっているのではないかという声も寄せられる。しかし、近藤（2017）は、日本生まれの子どもに対し家庭と学校が連携した継承語教育を継続的に行うことによって、親の母語をある程度継承させることができたと報告している。また、家庭で家族と母語で話す機会が確保できていれば、特に学校など社会からの援助がなくとも、ある程度の母語（あるいは継承語）の習得・維持が可能であるという報告もある（西川2011, 櫻井・孫・真嶋2012）。これらを踏まえれば、社会が言語少数派の家庭に積極的に働きかけることにより、母語文脈で生まれる生活的概念をより豊かに育むことの可能性が広がると考えられる。

8.3.2　母語と日本語が融合した新しい教科学習支援モデルの提案

8.2節で示した残された課題の二点目として、母語と日本語が融合した概念発達の可能性について述べた。それは、次の第6章研究2で分析した会話例の一部に最もよく表れている。子どもYが自然に母語と日本語を行き来しているというやり取りである。研究2会話例2-5で、Yが不意に母語に切り替え、自らターンをとってニワトリの急襲を受けて驚いたという重要な展開を語り始め、それを聞いていた日本人支援者が日本語で応答すると、自然に日本語に戻ってやり取りを続けたというものである。子どもが強く印象に残った体験を思い起こしたときに、その体験が生まれた場の言語の方を自然に選択して自ら語り始めたといった様子であった。

研究1の研究課題1-1の分析でも、子どもが母語と日本語を行き来するやり取りが見られた。子どもSが母親の援けを得るために母語に切り替え、母親の母語による働きかけによって子どもの本当の気持ちが探り

第8章　総合的考察：言語少数派の子どもの概念発達を促す教科学習支援の提案

当てられ、それを機に日本人支援者が日本語に戻し、それ以降は子ども
と日本人支援者による日本語のやり取りに戻ったというものである（第
5章研究1：会話例1-4、1-5）。

　このように2人の子どもが自然に母語と日本語の二言語を行き来して
いる様子は、これまでの相互育成学習の「母語を土台に日本語の習得が
促される」といった「母語から日本語へ」という方向性のみでは捉えら
れない言語使用の様相である。

　近年、従来の枠組みでは捉えられない、複雑かつ多様なことばの有り
様が、多言語多文化社会を生きる個人の中で見られると議論されている。
複数の言語が個人の中で「有機的な一つの複合体」（尾辻2016: 211）のよう
に息づき、必要に応じて境界なく使われることが自然であるという現象
である。個人の中に共存する複数の言語と文化に着目する「複言語・複
文化主義」（細川・西山2010: 28）や、「個人がもつ言語資源を言語の境界線
を超越したひとつのつながったレパートリーとして捉えるトランス・ラ
ンゲージング（translanguaging）」（加納2016: 3）などが、従来の加算的バイ
リンガリズムやコードスイッチングに代わる概念として注目されている。
確かに、上の例で2人の子どもは境界線を超越したように、母語と日本語
の間を自然に行き来しており、困惑する様子は見られない。母語と日本
語を別々に捉えるのではなく、二つの言語を一つの複合体、あるいは融
合体として捉えた方が実態に即しているように思われる。

　そこで、こうした子どもの言語使用の実態を踏まえ、また、上で挙げ
た「有機的な一つの複合体」（尾辻2016: 211）、「複言語・複文化主義」（細
川・西山2010）、「トランス・ランゲージング」（加納2016）の概念を参考に、
これまでの「教科・母語・日本語相互育成学習モデル」（岡崎1997）を発
展させたモデルとして、本研究では「言語少数派の子どものための母語
と日本語が融合した教科学習モデル」を提案したい。

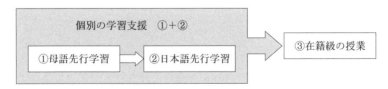

図8-1　「教科・母語・日本語相互育成学習モデル」（岡崎1997）に基づく学習の進め方

図8-1は「教科・母語・日本語相互育成学習モデル」(岡崎1997)に基づく学習の進め方である。これは、母語を使って学習することと日本語を使って学習することが分断されている印象を与えかねない。本研究の文脈に照らし合わせると、母語と日本語のそれぞれで生活体験と抽象概念の相互作用が進み、概念発達を促す発達の最近接境域におけるやり取りも二つの言語で別々に生起するといったようなイメージである。しかし、実際には、学習するときに子どもの頭の中には常に母語と日本語の両方が存在しており、母語で学習しているときに自然に日本語に切り替えて発話することもあり、同様に、日本語で学習しているときに母語とリンクして思考が進むことなどもあると想像される。つまり二つの言語を明確に分けることはできず、つながっていると考えた方が実態に即しており、それを表そうと試みたのが「言語少数派の子どものための母語と日本語が融合した教科学習モデル」(図8-2)である。

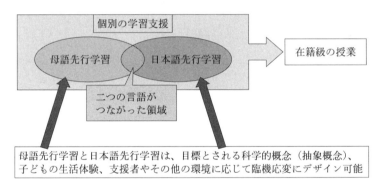

図8-2　「言語少数派の子どものための母語と日本語が融合した教科学習モデル」

　図8-1と異なる点は、母語先行学習と日本語先行学習との間に重なる部分を描き、母語先行学習のときも日本語学習のときも、この二つの言語がつながった領域が稼働し得るということを表した点にある。このモデルに基づく学習支援では、母語先行学習および日本語先行学習のときに、従来と同じように母語あるいは日本語をベースとして進めるが、二つの言語がつながっている領域を意識し、学習の流れの中で自然に両方の言語が活用される。子どもたちがもつ複数の言語とそれに伴う文化や

人間性を境界線で分けることなく融合させたかたちで積極的に捉えるという新たな視点をもって、教科学習を進めようということである。このモデルの中では、概念も二言語が融合されたかたちで発達していくと考えられる。おそらくこれまでの相互育成学習でも子どもたちは無意識に二言語を境界なく使っていたのではないかと思われる。そうした実態に即応して明確に表したのがこの「言語少数派の子どものための母語と日本語が融合した教科学習モデル」と言えよう。

　相互育成学習では、「母語先行学習➡日本語先行学習」の順番が基本であった。来日から間もない子どもに対してはこの順番が最適であるが、そうでなければ、必ずしもこの順番に拘る必要はなく、必ず両方を行わなければならないということもない。図8-2で説明を加えたように、目標とされる科学的概念（抽象概念）、子どもの生活体験、支援者やその他の環境に応じて臨機応変にデザインすることが可能である。例えば、ある科学的概念（抽象概念）を「身をもって理解する」ために適した家庭での生活体験を子どもがもっていた場合、母語先行学習の中で、家族の協力も得て進めるといった具合である。

　なお、相互育成学習は言語少数派の子どもの母語の保持・育成に特に大きく貢献してきた。実際、子どもの年齢が低いほど母語が後退する危険が高い。年齢が高い子どもの場合は母語が後退する危険はさほど深刻ではないが、人格を育ててきた母語が使われなくなることの弊害は小さくない。図8-2「言語少数派の子どものための母語と日本語が融合した教科学習モデル」は、母語による学習があるからこそ、二つの言語がつながった領域をもっているのであり、日本語のみの学習支援ではこうした構図にはならない。新しいモデルは、母語による学習の場が確保されているという、これまでの相互育成学習の最大の利点を継承しながら、時代の変化と子どもの言語使用の実態に即応して進化させたものである。

8.4 本研究の限界

　本研究では実際の学習場面から得られた会話などのデータを質的に分析する方法を採用した。それは以下で述べるように、本研究の問題意識

と目的に沿って、また背景理論との整合性をもって選択されたものであるが、それに伴う本研究の限界を述べる必要がある。

　まず、本研究に至った問題意識は、言語少数派の子どもの教科学習における概念理解が「分からないまま」や「表面的な理解」、あるいは「丸暗記」では意味がないということであった。そうではない概念理解のあり方を明らかにするため、本研究は、言語少数派の子どもの生活体験を基盤とする概念発達の様相を可視化した。そして、概念発達を可視化するためには、実際の学習におけるやり取りをつぶさに分析する、つまり質的に分析するのが最適であると判断された。

　また、データを分析するために参照したヴィゴツキー理論では、言語的思考の分析単位を文脈から切り離したものにしてはならないと提起されている（ヴィゴツキー 2001: 16）。本研究はこの提起に基づき、会話などのデータを文脈から切り離さず質的に分析する手法を採用した。またデータを得た教育実践は相互育成学習に基づく学習支援であるが、相互育成学習の背景理論である言語生態学でも質的研究が志向されている（ヴァンリア 2009: 16）。

　このように本研究では、問題意識と研究目的に沿って背景理論を参照し、質的研究法を選択した。しかし、質的研究法を選択したことに伴い、本研究には以下に挙げられるような限界が認められる。

　第一に、本研究の結果は少数を対象とする教育実践から得られたものであり、一般化することはできないということである。

　第二に、ますます多様化する様々なケースにそのまま応用することはできないということである。言語少数派の子どもの言語的・文化的背景、さらには教育的背景や社会的背景は多様化している。教育現場の状況も同様に多様である。本研究の分析結果は、以下に挙げるような対象の子どもや日本人支援者の言語的背景や教育的背景と関わっている。そのため、他のケースにそのまま応用することはできない。

　対象の子どもの背景としては、まず中国語母語の子どものみの事例であるということが挙げられる。言うまでもなく、日本語と中国語は漢字という最有力の共通項がある。親の子どもの教育に対する考え方など、文化的にも似ているところが多い。それゆえに本研究における母親が参加した教科学習がうまくいっているという面は否めない。今後は他の言

第8章｜総合的考察：言語少数派の子どもの概念発達を促す教科学習支援の提案

語を母語とする子どもを対象に実践を積み重ねる必要がある。

　また、対象の子どもの年齢と教育的背景に関しても付記しなければならないことがある。相互育成学習の実践研究の中では、本研究の対象の子どもの年齢は最も低いが[2]、近年日本生まれや幼児期に来日した子どもも増えており、その限界を認めなければならない。本研究で得られた結果は、2人の子どもが母国で2年間の就学経験を有していることに負っている。日本生まれや幼児期入国の事例には単純に応用できないことを付記しておく。

　続いて、日本人支援者の言語的背景について触れる。本研究の日本人支援者は中国語に堪能であり、ある種特別な条件下で二組の親子と関係を構築していたと思われる。中国語学習を通じた中国の社会や文化、歴史への理解があり、中国人との接触経験も豊富である。だからこそ二組の親子の日常に分け入り、彼らの固有な文化的・歴史的背景に関わる生活体験を活かすことに有効な支援が可能となった。こうしたことから、本研究の実践はどの教育現場でも実行できるとは言えず、その点で限界がある。

　ただし、日本人支援者が母語を話せなくても子どもの母親と良好な関係を構築し、相互育成学習を実践した例もある。小田（2010, 2011, 2012）では、日本人支援者は親子の母語ができなかったが、母親の日本語能力が中の上レベルと比較的高かったため、コミュニケーションに支障を来すことはなく、母親へのインタビューからは母親と日本人支援者が良好な関係を構築していたことが明らかになった。母親は「日本人支援者が母語で学習することについて全面的にわたしを信頼し、任せてくれたから」とその理由を述べている。小田の研究から分かることは、必ずしも日本人支援者が親子の母語に通じていなくても、良好な関係を構築することは可能であるということであろう。

　相互育成学習では、最低1人、二つの言語で教科学習に関与できて、両方の言語を通じて参加者間の関係構築に尽力できる支援者が必要である。新たに提案した「言語少数派の子どものための母語と日本語が融合した教科学習モデル」（図8-2）も同様である。二言語に堪能な支援者が得られない現場では実行できないという点で、大きな限界があると言える。ただし、まだ研究成果としては報告されていないが、今後はLINE

やSkypeなどのツールを活用し、遠方にいる少数派の言語を話す支援者の協力を得ることも可能であろう。

8.5 今後の課題および総合的な内省

今後の課題としては、以下の点が挙げられる。

第一に、本研究では個別の母語先行学習と日本語先行学習のみが分析されたが、在籍クラスへの発展性の探求が必要である。教室に子どもたちの多様な言語的・文化的背景がもたらされれば、学習はより豊かな実りを得られるであろう。「日本語に困っている」だけではない、言語少数派の子どもたちの姿を日本人の子どもたちが知ることは大きな意味があるだろう。

第二に、他の教科、社会や歴史、理科などにも分野を広げて分析することにより、生活から得る知識や体験を基盤とする概念発達がさらに多面的に捉えられることができると考える。社会科については、原（2012）が相互育成学習に基づく社会科授業実践を探求しているが、相互育成学習による実践は国語科が多く、今後その他の教科への応用が積極的に展開されることが期待される。ヴィゴツキー理論を参照した日本人児童生徒を対象とする実践研究には、生活科や理科なども広く行われており、言語少数派の子どもたちに対するこうした教科の学習支援方法を探求することも課題である。

第三に、何より重要なことは、生活体験を基盤とする概念発達を生み出す学習環境を支える人的ネットワーク創成のための研究である。本研究を通じて、言語少数派の子どもにとって母語および日本語を介して豊かな生活体験を積むことの重要性が示唆された。とりわけ、母語を介した生活体験を子どもとともに作るのは、子どもの家族や母語を同じくする言語少数派の大人や仲間たちである。本研究のように、特に子どもやその家族に固有な文化的・社会的背景に関わる生活体験を活かすことを目指す場合、家族などの協力を得ることが望ましい。必ずしも常時家族の協力を得なければ学習が成り立たないということではない。その場合も、留学生や地域の言語少数派の支援者が母語を使って主な学習の進行と家族との仲介役を担い、核となる部分のみ家族の直接的な協力を得る

といった支援の方法が考えられる。家族の負担とならない協働のかたちを模索することは容易ではないかもしれないが、本研究に加え、先行研究（Moll 2014, 落合2012など）の結果からも、家族が学校の教科学習に協力することが言語少数派の子どもの学習意欲の向上に貢献することは明らかであり、家族との連携は教育現場が取り組むべき課題の一つと言える。

　相互育成学習の先行研究では、母語話者支援者を含めた支援者間の協働に関しての研究が進んでいるが（清田2016など）、言語少数派の大人は留学生や地域在住の外国人であることが多く、子どもの家族は含まれていない。言語少数派の家族を含む協働のかたちをどのように創成することができるのかを探求する必要がある。

　最後に筆者の内省的な振り返りを行う。

　本研究を通じて最も大きな内省として浮かび上がったのは、研究1と研究3の「まとめと考察および課題」の最後で述べたように、子どもやその家族に固有の文化的・歴史的背景を学習にもたらすことは、プライベートに踏み込むことでもあるということである。進めるに当たっては、常に自戒しつつ、相手の考えや意向を十分に尊重し、誠意ある段階的な取り組みの下、細心の注意をもって取り組まなければならない。

　その他に二点を挙げる。

　本研究のフィールドで筆者は日本語指導協力者という立場で支援を始めている。非常勤講師ではあるものの、子どもや保護者から見れば筆者は「先生」であり、その立場があってこそ二組の親子に対して4年以上の学習支援を行うことができたと考える。筆者自身は「先生」の立場ではなく、あくまで「支援者」の立場で、2人の母親と「対等な協働」を築くよう努めてきた。しかし顧みて、「学校の先生」に近い立場である種の権威を行使した面も否めない。全く対等の立場ではなかったことを認めなければならない。

　最後に、相互育成学習および「言語少数派の子どものための母語と日本語が融合した教科学習モデル」（図8-2）に基づく学習支援は、日本の学校で行われる教科学習に沿って行われるということに関して述べる。その教科学習は一般的な日本人の子どもを想定したもので、日本の言語、

文化、社会規範などが反映しているものである。そうした言語の多数派を前提に編まれた教科学習に、言語少数派の子どもと、本研究のようにその母親をある意味対応させることは、果たして言語と文化の多様性の尊重と公平性の観点から、妥当と言えるだろうか。真の意味で多様性を尊重し公平性を期すならば、少数派の言語、文化、社会規範を前提とする学習も行うべきではないだろうか。

　こうした内省も踏まえ、今後の実践と研究のあるべき道を模索していかなければならない。

注　[1]　「知的なものと感情との統一」に関してのより詳しい議論は、中村（2010, 2014）および神谷（2010）を参照されたい。
　　[2]　日本に来たときに2人とも満8歳。その他の相互育成学習の先行研究における対象の子どもは全て日本に来たときの学年が小学校4年生以上である。

おわりに

「子どもの概念発達をどのように支援したらよいのか」という問題意識をわたしが強く抱くようになったのは、ある出来事がきっかけでした。本書の対象者であるSさんとYさんより前に日本語指導を担当していた別の子どもBくんを支援していたときのことです。史跡が多く残る街をグループで歩いてめぐるという遠足の後、個別指導で作文を書いていました。本書の6章研究2と同じく対話を重ねて書いていく方法でした。Bくんは開口一番「遠足で「歴史」を見たよ」と話しました。彼の発話に「歴史」という抽象語があったことに、わたしは驚きました。彼はいくつか学習上の困難を抱えていたため「小学校5年生になって、ようやく難しいことばを使えるようになったのか」と嬉しくなりました。わたしは「そうだね、歴史を見たね。いろいろ歩いて、歴史のもの、どんなものを見た？」と応答と発問を続けました。ところが、そこで対話が止まってしまったのです。話すうちに、彼は遠足の準備のための授業などで飛び交っていた「歴史」ということばを耳にとどめ、何となく理解していたものの、彼の頭の中では実際に見てきた寺院や武将の墓などと「歴史」が結び付いていない、あるいは結び付けるためのことばを知らないことが分かりました。彼は「歴史を見た」と何度も発話しましたが、見てきたものが現代に残る歴史の遺産であることを彼なりのことばで話すことができず、「概念が空転している」印象を受けました。このとき「概念は身をもって理解しなければ意味がない。日々の暮らしや様々な体験とつながっていなければ子ども自身の概念として育っていかない。そのためにはどうしたらよいのか」と痛感しました。SさんやYさんと違って、わたしはBくんの母語を使えず、保護者とも日本語でごく簡単なやり取りしかできませんでした。親御さんに学習に加わ

ってもらったこともありません。話は非常に複雑でこの点だけが要因ではありませんが、子どもがもっている異なる言語的文化的背景を十分に活かせる環境での学習支援、それが必要であると思い至りました。

　本書を締めくくるに当たり、まず、SさんとYさんのご家族に深謝いたします。特に、ともに学習支援を支えてくださった2人のお母様には格別の思いがあります。4年以上の間には楽しいこと嬉しいことばかりではなく、Sさん、Yさんのいずれにも苦しいことがありました。最初に会ったときはSさんもYさんも8歳、小さな女の子でした。それが小学校卒業の頃には見違えるほど立派な「お姉さん」に。2人とも二つの言語、二つの文化を具える人に成長してくれたことを何より誇りに思います。同時に、環境に恵まれたからこそ実現したことですので、研究活動に対しご理解ご協力くださった、校長先生はじめ学校の先生方、教育委員会の担当主事の皆様方に対しても心よりお礼申し上げます。

　教育現場での実践から始めたわたしに研究の道を開いてくださったのは、横浜国立大学での修士課程の指導教官金澤裕之先生とお茶の水女子大学大学院博士後期課程の指導教官岡崎眸先生です。金澤裕之先生の「研究に貴賤はない」とのおことばをずっと励みにしてきました。岡崎眸先生と岡崎ゼミの皆さまにご教示いただいて相互育成学習に基づく実践と研究を行うことができたことは言うまでもありません。もう御一方、修士課程でお世話になりました門倉正美先生は、修士修了後も、投稿論文や本書執筆の際に貴重なアドバイスをくださいました。感謝に堪えません。

　本書のもととなった博士学位論文については、佐々木泰子先生にご指導賜りました。副学長という重責を担われ、ご多忙を極められていたにもかかわらず、行き場を失っていたわたしを温かく受け入れてくださり、執筆の過程では絶えず励ましてくださいました。まさに、何とお礼を申し上げたらよいのか感謝のことばが見つからないほどです。論文審査では、加賀美常美代先生、森山新先生、西川朋美先生、本林響子先生から多くの的を射たコメントをいただきました。修正の過程で論文がレベルアップすることを実感できました。先生方にご指導いただけましたことはこの上ない幸運だったと感じています。

　さらに、このお三方との出会いがなければ、ここまで進めることがで

おわりに

167

きなかったということも記さなければなりません。「知識の資産」の
Luis C. Moll 教授を教えてくださいました桃山学院大学友沢昭江教授、
ヴィゴツキーを強く推してくださった房賢嬉さん、やり取りの分析方法
で多くの示唆を与えてくださった野々口ちとせさんです。心から感謝し
ております。

　そして本書の執筆に当たっては、ココ出版の田中哲哉さんが初心者の
わたしを終始一貫支えてくださいました。ありがとうございました。

　最後に、わたしの研究生活を支え励ましてくれた夫と長女、両親に深
く感謝の意を表します。

　2019年2月

　　　　　　　　　　　　　　　　　　　　　　　　　　　滑川恵理子

付記

本書は、日本学術振興会平成30年度科学研究費補助金（研究成果公開促進費・学術図書、課題番号18HP5073）の交付を受けて刊行された。

本書の各研究は、以下の初出論文を加筆・修正したものである。

第5章　研究 1：生活体験（家庭での体験／日本の学校での体験）を基盤とする概念発達の分析——子ども S の場合

滑川恵理子（2010）「母語による国語の学習を親子で実践する—「わたしの文化」を活かして」『多言語多文化　実践と研究』3, pp.126–149.　東京外国語大学多言語・多文化教育研究センター

滑川恵理子（2013）「言語少数派の子どもの「母語への切り替え」の意味—国語の学習場面から」『神奈川県立国際言語文化アカデミア紀要』2, pp.103–116.　神奈川県立国際言語文化アカデミア

滑川恵理子（2015）「言語少数派の子どもの生活体験に裏打ちされた概念学習—身近な大人との母語と日本語のやり取りから」『日本語教育』160, pp.49–63.　日本語教育学会

第7章　研究 3：家庭での体験を基盤とする概念発達の分析——S 親子、Y 親子の場合

滑川恵理子（2015）「言語少数派の親子をつなぐことばの育成をどのように支援するか—「親の愛情」に着目した生態学的アプローチ」『異文化間教育』42, pp.103–117.　異文化間教育学会

参考文献

秋田喜代美（2000）『子どもをはぐくむ授業づくり―知の創造へ』岩波書店

池上摩希子・大上忠幸・小川珠子（2003）「実践報告 中高学年児童クラスにおける「書くこと」の指導・再考」『中国帰国者定着促進センター紀要』10, pp.31–58. 財団法人中国残留孤児援護基金

磯村陸子（2007）「教室談話を介した学習の変容過程の記述分析」秋田喜代美・能智正博（監修）、秋田喜代美・藤江康彦（編）『はじめての質的研究法―事例から学ぶ― 教育・学習編』pp.163–182. 東京図書

内田伸子（1999）『発達心理学―ことばの獲得と教育』岩波書店

宇津木奈美子（2008）「子どもの母語を活用した学習支援における母語話者支援者の意識変容のプロセス」『人間文化創成科学論叢』10, pp.85–94. お茶の水女子大学

宇津木奈美子（2009）「中国語母語話者支援者に意識の変容をもたらした教科支援の実態―「教科・母語・日本語相互育成学習モデル」の実践から」『言語文化と日本語教育』37, pp.21–30. お茶の水女子大学日本言語文化学研究会

宇津木奈美子（2010）「地域の日系南米人による教科支援の可能性―国語教材文の翻訳活動を通して」『母語・継承語・バイリンガル教育（MHB）研究』6, pp.59–79. 母語・継承語・バイリンガル教育（MHB）研究会

ヴァンリア, L.（2009）『生態学が教育を変える―多言語社会の処方箋』（宇都宮裕章訳）ふくろう出版（van Liar, L. (2004) *The Ecology and Semiotics of Language Learning: A Sociocutural Perspective*. Dordrecht: Kluwer Academic Publishers Group.）

ヴィゴツキー, L. S.（2001）『新訳版 思考と言語』（柴田義松訳）新読書社（Выготский, Л. С. (1934) Мышление и речь.）

岡崎敏雄（1997）「日本語・母語相互育成学習のねらい」『平成8年度外国人児童生徒指導資料』pp.1–7.茨城県教育庁指導課

岡崎敏雄（2004）「外国人年少者日本語読解指導方法論―内発的発展モデル」『筑波大学地域研究』23, pp.119–132. 筑波大学大学院地域研究研究科

岡崎敏雄（2009）『言語生態学と言語教育―人間の存在を支えるものとしての言語』凡人社

岡崎眸（2005）「年少者日本語教育の課題」お茶の水女子大学日本言語文化学研究会『共生時代を生きる日本語教育―言語学博士上野田鶴子先生古希記念論集』編集委員会（編）『共生時代を生きる日本語教育―言語学博士上野田鶴子先生古希記念論集』pp.165–179. 凡人社

岡崎眸（2010）「「子どもの実質的な授業参加」を実現する年少者日本語教育―二つのアプローチによる検討」『社会言語科学』13(1), pp.19–34. 社会言語科学会

岡本夏木（1995）『小学生になる前後―五〜七歳児を育てる［新版］』岩波書店

小川雅美（2015）「初修外国語の学習経験に関わる「意味」を求めて―スペイン語クラスのエスノグラフィー」大阪大学大学院博士論文　http://hdl.handle.net/11094/52091（2019年1月21日アクセス）

小田珠生（2010）「言語少数派の子どもに対する父母と協働の持続型ケアモデルに基づく支援授業の可能性―言語生態学の視点から」お茶の水女子大学大学院博士論文（未公刊）

小田珠生（2011）「言語少数派生徒のための「父母と協働の持続型ケアモデル」の可能性―母親に対するインタビュー調査から」『言語文化と日本語教育』42, pp.1–10.　お茶の水女子大学日本言語文化学研究会

小田珠生（2012）「言語少数派の母親の教育参加における領域の拡大―日本人支援者との協働の下で」『多言語多文化　実践と研究』4, pp.122–147.　東京外国語大学多言語・多文化教育センター

落合知子（2012）「公立小学校における母語教室の存在意識に関する研究―神戸市ベトナム語母語教室の事例から」『多言語多文化　実践と研究』4, pp.100–120.　東京外国語大学多言語・多文化教育研究センター

尾辻恵美（2016）「生態的なことばの市民性形成とスペシャル・レパートリー」細川英雄・尾辻恵美・マルチェッラ，マリオッティ（編）『市民性形成とことばの教育―母語・第二言語・外国語を超えて』pp.209–230.　くろしお出版

神谷栄司（2010）『未完のヴィゴツキー理論―甦る心理学のスピノザ』三学出版

加納なおみ（2016）「トランス・ランゲージングを考える―多言語使用の実態に根ざした教授法の確立のために」『母語・継承語・バイリンガル教育（MHB）研究』12, pp.1–22.　母語・継承語・バイリンガル教育（MHB）研究会

川田一郎（2014）「言語的思考力を育む国語科の授業の創造」『滋賀大学大学院教育学研究科論文集』17, pp.31–41.　滋賀大学大学院教育学研究科

清田淳子（2007）『母語を活用した内容重視の教科学習支援方法の構築に向けて』ひつじ書房

清田淳子（2016）『外国から来た子どもの学びを支える―公立中学校における母語を活用した学習支援の可能性』文理閣

清田淳子・宇津木奈美子・高梨宏子（2018）『教科学習を担う「地域の母語支援者」へのサポート体制の構築』平成27年度～29年度科学研究費補助金基盤研究（C）研究成果報告書　課題番号15K02665　研究代表者清田淳子（立命館大学）

クラムシュ, C.（2007）「異文化リテラシーとコミュニケーション能力」佐々木倫子・細川英雄・砂川裕一・川上郁雄・門倉正美・牲川波都季（編）『変貌する言語教育―多言語・多文化社会のリテラシーズとは何か』pp.2–26.　くろしお出版

近藤美佳（2017）「児童Tの継承ベトナム語学習の軌跡―ベトナムにルーツをもつ子どものための継承語学習カリキュラム考案に向けて」『母語・継承語・バイリンガル教育（MHB）研究』13, pp.113–131.　母語・継承語・バイリンガル教育（MHB）研究会

齋藤ひろみ（2001）「実践報告　日本語学習初期段階における作文指導について考える―63期子どもクラスの作文の授業実践を基に」『中国帰国者定着促進センター紀要』9, pp.92–135.　財団法人中国残留孤児援護基金

齋藤ひろみ・佐藤郡衛（2009）『文化間移動をする子どもたちの学び―教育コミュニティの創造に向けて』ひつじ書房

齋藤ひろみ・見世千賀子（2005）「外国人児童生徒教育と国際理解教育―文化交差による多元的な学びの創造に向けて」『異文化間教育』21, pp.19–31.　異文化間教育学会

齋藤裕一郎・黒田篤志・森本信也（2010）「科学概念構築を促す談話におけるコミットメントの分析―小学校第4学年「ものの温まり方」の授業分析を事例にして」『理科教育学研究』51(2), pp.29–39.　日本理科教育学会

櫻井千穂（2018）『外国にルーツをもつ子どものバイリンガル読書力』大阪大学出版会

櫻井千穂・孫成志・真嶋順子（2012）「ある日本生まれの中国ルーツ児童の二言語能力変化と可能性に関する実態報告」『日本語母語児童への国語教育と非母語児童への日本語教育を言語環境から構築する試み』pp.38–48.　平成21年度～23年度科学研究費補助金基盤研究（C）研究成果報告書　課題番号21610010　研究代表者真嶋潤子（大阪大学）

佐藤公治（1996）『認知心理学からみた読みの世界―対話と協同的学習をめざして』北大路書房

佐藤郡衛（2010）『異文化間教育―文化間移動と子どもの教育』明石書店

佐藤真紀（2010）「学校環境における言語少数派の子どもの言語生態保全―「教科・母語・日本語相互育成学習モデル」の可能性」お

茶の水女子大学大学院博士論文（未公刊）

佐藤真紀（2012）「学校環境における「教科・母語・日本語相互育成学習」の可能性―言語少数派の子どもの言語観・学習観から」『人文科学研究』8, pp.183–197.　お茶の水女子大学

朱桂栄（2007）『新しい日本語教育の視点―子どもの母語を考える』鳳書房

白數哲久・小川哲男（2013）「「科学的探究」学習による科学的概念の構築を図るための理科授業デザイン―第3学年「じ石」を事例として」『理科教育学研究』54(1), pp.37–49.　日本理科教育学会

杉山直子（2008）「教育方法としての「書くこと」と生活指導―生活的概念と科学的概念」『子ども未来学研究』3, pp.21–31.　梅光学院大学子ども学部

高梨宏子（2012）「国際教室における担当教員の意識変容―「生徒の母語を用いた授業」に対するPAC分析調査から」『多言語多文化実践と研究』4, pp.148–164.　東京外国語大学多言語・多文化教育研究センター

田島充士（2010）『「分かったつもり」のしくみを探る―バフチンおよびヴィゴツキー理論の観点から』ナカニシヤ出版

田島充士（2011）「再文脈化としての概念変化―ヴィゴツキー理論の観点から」『心理学評論』54(3), pp.342–357.　心理学評論刊行会

土屋千尋（2009）「在籍学級担任の役割―ブラジル人集住地域の小学校の学芸会におけるとりくみの事例から」『異文化間教育学会第30回大会発表抄録』pp.50–51.　異文化間教育学会

中島和子（2010）『マルチリンガル教育への招待―言語資源としての外国人・日本人年少者』ひつじ書房

中村和夫（2004）『ヴィゴーツキー心理学　完全読本―「発達の最近接領域」と「内言」の概念を読み解く』新読書社

中村和夫（2010）『ヴィゴーツキーに学ぶ―子どもの想像と人格の発達』福村出版

中村和夫（2014）『ヴィゴーツキー理論の神髄―なぜ文化–歴史的理論なのか』福村出版

滑川恵理子（2010）「母語による国語の学習を親子で実践する―「わたしの文化」を活かして」『多言語多文化　実践と研究』3, pp.126–149.　東京外国語大学多言語・多文化教育研究センター

滑川恵理子（2011）「ある言語少数派の子どもの言語生態の様相―二言語による学習支援を4年間継続して受けた子どもの場合」『異文化間教育学会第32回大会発表抄録』pp.128–129.　異文化間教育学会

滑川恵理子（2013）「言語少数派の子どもの「母語への切り替え」の

意味―国語の学習場面から」『神奈川県立国際言語文化アカデミ
ア紀要』2, pp.103–116. 神奈川県立国際言語文化アカデミア

滑川恵理子（2014）「低学年で来日した言語少数派の子どもの母語学
習の可能性―ヴィゴツキーの概念的思考の観点から」『神奈川県
立国際言語文化アカデミア紀要』3, pp.83–99. 神奈川県立国際
言語文化アカデミア

滑川恵理子（2015a）「言語少数派の子どもの生活体験に裏打ちされた
概念学習―身近な大人との母語と日本語のやり取りから」『日本
語教育』160, pp.49–63. 日本語教育学会

滑川恵理子（2015b）「言語少数派の親子をつなぐことばの育成をど
のように支援するか―「親の愛情」に着目した生態学的アプロー
チ」『異文化間教育』42, pp.103–117. 異文化間教育学会

西川朋美（2011）「在日ベトナム系児童の継承語としてのベトナム
語能力」『母語・継承語・バイリンガル教育（MHB）研究』7,
pp.46–65. 母語・継承語・バイリンガル教育（MHB）研究会

西本有逸（2003）「ヴィゴツキーと第二言語習得（2）―内化と習得」
『ヴィゴツキー学』4, pp.1–9. ヴィゴツキー学協会

野々口ちとせ（2015）「言語学習としての対話の分析―人が言語を
使って何をどのように考えるかを見ること」舘岡洋子（編）『日
本語教育のための質的研究入門―学習・教師・教室をいかに描く
か』pp.301–320. ココ出版

畠山理恵・清田淳子・佐藤真紀・高橋若菜・原瑞穂（2000）「年少者
日本語教育における学習言語習得のためのネットワーク―大学を
起点とするネットワークの可能性」『2000年度日本語教育学会春
季大会予稿集』pp.130–135. 日本語教育学会

原瑞穂（2006）「言語少数派の子どもたちにおける言語権の保障―「教
科・母語・日本語相互育成学習モデル」による「言語移行の逆向」
の可能性の追究」お茶の水女子大学大学院博士論文（未刊行）

原瑞穂（2012）『社会科（社会）・第一言語・第二言語の相互育成のた
めの統合カリキュラムと教材の開発』平成22年度～23年度科学
研究費補助金若手研究（B）研究成果報告書　課題番号22720199
研究代表者原瑞穂（上越教育大学）

バトラー後藤裕子（2011）『学習言語とは何か―教科学習に必要な言
語能力』三省堂

坂東智子（2010）「中学校における古典教育の意義に関する一考察―
ヴィゴツキーの科学的概念と生活的概念を手がかりとして」『全
国大学国語教育学会発表要旨集』119, pp.106–109. 全国大学国
語教育学会

平田知美（2006）「ヴィゴツキーの教授＝学習理論にもとづく実践に

関する一考察―ヘデゴールとチャイクリンの教育プログラムを中心に」『広島大学大学院教育学研究科紀要』55, pp.199–207. 広島大学大学院教育学研究科

ブロンフェンブレンナー, U.（1996）『人間発達の生態学―発達心理学への挑戦』（磯貝芳郎・福富護訳）川島書店（Bronfenbrenner, U. (1979) *The Ecology of Human Development: Experiments by Nature and Desine.* Harvard University Press.)

細川英雄・西山教行（2010）『複言語・複文化主義とは何か―ヨーロッパの理念・状況から日本における受容・文脈化へ』くろしお出版

南浦涼介（2013）『外国人児童生徒のための社会科教育―文化と文化の間を能動的に生きる子どもを授業で育てるために』明石書店

宮島喬（2014）『外国人の子どもの教育―就学の現状と教育を受ける権利』東京大学出版会

穆紅（2010）「言語少数派の子どもの継続的認知発達の保障―生態学的支援システムの構築に向けて」お茶の水女子大学大学院博士論文（未刊行）

穆紅（2015）「言語少数派の子どもの言語活動の展開様相―言語・言語活動・人間活動の一体化の視点から」『母語・継承語・バイリンガル教育（MHB）研究』11, pp.26–48. 母語・継承語・バイリンガル教育（MHB）研究会

室井滋（2011）『しげちゃん』金の星社

本林響子（2006）「カミンズ理論の基本概念とその後の展開―Cummins（2000）"Language, Power and Pedagogy"を中心に」『言語文化と日本語教育』31, pp.23–29. お茶の水女子大学日本言語文化学研究会

森本信也・齋藤裕一郎・黒田篤志（2011）「科学概念構築と「思考力・判断力・表現力」との関連についての考察」『横浜国立大学教育人間科学部紀要 I 教育科学』13, pp.189–206. 横浜国立大学

山中文枝（2009）「体験・探求・発信する授業―授業「赤ちゃんのふしぎ」の取り組みを通して」齋藤ひろみ・佐藤郡衛（編）『文化間移動をする子どもたちの学び―教育コミュニティの創造に向けて』pp.55–85. ひつじ書房

山根俊喜（2011）「教材とは何か」『障害者問題研究』38(4), pp.242–250. 障害者問題研究編集委員会

Baker, C. (2003[2012]) Biliteracy and Transliteracy in Wales: Language Planning and the Welsh National Curriculum. In Hornberger, N. H. (Ed.), *Continua of Biliteracy: An Ecological Framework for Educational Policy, Research, and Practice in Multilingual Settings* (pp.71–90).

参考文献

Clevedon: Multilingual Matters. Reprinted in Hornberger, N. H. (2012) *Educational Linguistics*, (pp.185–202). (Critical Concepts in Linguistics vol.5) London: Routledge.

Cummins, J. (1980[2001]) The Entry and Exit Fallacy in Bilingual Education. *NABE Journal, 4*, pp.25–60. Washington DC: NABE. Reprinted in Baker, C. & Hornberger, N. H. (2001) *An Introduction Reader to the Writing of Jim Cummins* (pp.110–138). Clevedon: Multilingual Matters.

Cummins, J. (2000) Lang*uage, Power, and Pedagogy: Bilingual Children in the Crossfire*. Clevedon: Multilingual Matters.

Cummins, J. (2001) *Negotiating Identities: Education for Empowerment in a Diverse Society* (Second Edition). Los Angeles: California Association for Bilingual Education.

Cummins, J. (2006[2012]) Identity Texts: The Imaginative Construction of Self through Multiliteracies Pedagogy. In Garcia, O. (Ed.), *Imagining Multilingual Schools: Languages in Education and Glocalization* (pp.51–68). Clevedon: Multilingual Matters. Reprinted in Hornberger, N. H. (2012) *Educational Linguistics* (pp.330–349). (Critical Concepts in Linguistics vol.5) London: Routledge.

Cummins, J. & Early, M. (2011). *Identity Texts: The Collaborative Creation of Power in Multilingual Schools*. Stoke on Trent, England: Trentham Books.

Cummins, J. & Swain, M. (1986) *Bilingualism in Education: Aspects of Theory, Reseach and Practice*. New York: Longman.

Fishman, J. A. (1991) *Reversing Language Shift: Theoretical and Empirical Foundations of Assistance to Threatened Languages*. Clevedon: Multilingual Matters.

Gibbons, P. (1993) *Learning to Learn in a Second Language*. Portsmouth, NH: Heinemann.

Gonzáles, N. & Moll, L.C. (Eds.) (2005) *Funds of Knowledge: Theorizing Practices in Households, Communities, and Classrooms*. Mahwah, New Jersey: Lawrence Erlbaum Associates.

Haugen, E. (1972) *The Ecology of Language*. Stanford, California: Stanford University Press.

Haugen, E. (1973[2012]) The Curse of Babel. In Bloomfield, M. & Haugen, E. (Eds.), *Language as a Human Problem* (pp.33–43), New York: W. W. Norton. Reprinted in Hornberger, N. H. (2012) *Educational Linguistics* (pp.3–13). (Critical Concepts in Linguistics vol.5) London: Routledge.

Hedegaard, M. & Chaiklin, S. (2005) *Radical-Local Teaching and Learning: A Cultural-Historical Approach.* Aarhus: Aarhus University Press.

Hornberger, N. H. (2012) *Educational Linguistics.* (Critical Concepts in Linguistics vol.5) London: Routledge.

Mehan, H. (1985) The Structure of Classroom Discourse. In van Dijk, T. A. (Ed.), *Handbook of Discourse Analysis (vol.3): Discourse and Dialogue* (pp.119–131). London: Academic Press.

Moll, L. C. (2014) *L. S. Vygotsky and Education.* New York: Routledge.

Phillipson, R. & Skutnabb-Kangas, T. (1996[2012]) English only Worldwide or Language Ecology?. *TESOL Quarterly, 30*(3), pp.429–452. Reprinted in Hornberger, N. H. (2012) *Educational Linguistics* (pp.21–43). (Critical Concepts in Linguistics vol.5) London: Routledge.

教材文（2006年〜2012年当時）
『こくご―赤とんぼ―』二下、光村図書
大塚勇三『スーホの白い馬』

『国語―あおぞら―』三下、光村図書
あまんきみこ『ちいちゃんのかげおくり』

『国語―かがやき―』四上、光村図書
ルシール＝クリフトン『三つのお願い』

『国語―はばたき―』四下、光村図書
今西祐行『一つの花』

『国語―銀河―』五、光村図書
内藤誠吾『千年の釘にいどむ』
椋鳩十『大造じいさんとガン』

索引

[A] ALP……8
[B] BICS……8
[C] CALP……8
 CF……8
[D] DLS……8
[I] IRE連鎖……79, 95
[J] JSLカリキュラム……6, 20
 JSL対話型アセスメントDLA……59
[L] LAMP……37

[あ] アイデンティティー・テクスト……19, 87
 アイデンティティーの投影……19
 赤ちゃんのふしぎ……22, 121
 遊びの言語……8
[い] 一次的ことば／二次的ことば……8
 一般化（抽象化）……16
 一般的な意味……14, 16, 89
 入れ子構造……28
[う] ヴィゴツキー理論……7
[か] 外国人集住地域と非集住地域……45
 概念……14, 39
 概念の発達……14, 39
 概念発達の様相……40
 概念を選択する過程……16, 90
 科学的概念……8, 11
 学習言語……3
 書くプロセスに働きかける支援……92
 学校と家庭の連携……18
 学校文脈……2
[き] 既有知識……1
 教科志向型授業……37
 教科・母語・日本語相互育成学習モデル……25
 教室の言語……8
 共同……13, 36
 協働……26, 36
[く] 具体的な経験……12
 暗い知識の資産……85
[け] 言語移行の逆向……31

言語少数派の子ども……1
言語生態学……26
言語的・文化的背景……2
言語的・文化的隔たり……2
[こ] 語義……14
国語教材文……54, 56
国際教室……46
言葉主義……12
コミュニティに根差した授業……17
固有な文化的・歴史的背景……23
[し] 自己肯定感……19, 88
実践のための生きている知識……83
質的研究法……161
質的分析……43
社会生態学的な視点……29
社会的交流（発達の最近接領域におけることばのやり取り）……10
社会文化理論……28
周辺的立場……117
情動……14, 143
初歩的な一般化（抽象化）……16, 88
人的リソース……19, 88
[す] 摺り合わせ……12
[せ] 生活言語……3
生活体験……39
生活的概念……8, 11
生活的概念を基盤とする科学的概念との統合……11
生活文脈……2
[た] 体験的な学習……21
体験の言語化……89
多言語リテラシー……20
単語の意味……14
[ち] 知識の資産（funds of knowledge）……18, 61
知識偏重型の授業……15
中国帰国者……6, 49
抽象化あるいは一般化された意味……11
抽象概念……40

[て]	出来事作文……21
[と]	独力……13, 114
	トピック型授業……21, 121
	トランス・ランゲージング ……119, 158
	取り出し授業……55
[に]	日常会話……1
	日本人支援者……26
	日本語教室（通級型）……46
	日本語指導協力者……47
	日本語指導……45, 52
	日本語指導が必要な児童生徒 ……46
	日本語先行学習……26, 54, 61, 91
	認知・情意・社会・文化能力と一 体化した母語の力……30
	認知的学習……25
[の]	能力差……13
[は]	入り込み授業……55
	バイリンガル（あるいはマルチリ ンガル）教育研究……28
	発達の最近接領域……13
	発話思考法……16
	発話の連なり……43
[ひ]	表面的な理解……1
[ふ]	複言語・複文化主義……158
	文化的・社会的文脈……3
	文化‐歴史的発達理論……28
	文型積み上げ型の日本語学習 ……25
[ほ]	母語先行学習……26, 54, 61, 123
	母語と日本語が融合した教科学習 モデル……158
	母語ワークシートおよび日本語 ワークシート……57, 64
	母語話者支援者……1, 26
	母語の保持・育成……27, 160
	母文化……22
[ま]	丸暗記……1
[み]	身近な大人……3
	身をもって理解する……2
[ゆ]	誘導性……79, 84
[よ]	4象限の概念……8
[れ]	歴史的・文化的スキーマ……29

索引

179

[**著者**] 滑川恵理子（なめかわ えりこ）

神奈川県内で日本語指導協力者を務めた後、神奈川県立国際言語文化アカデミア非常勤講師などを経て、現在、立命館大学国際関係学部と大阪大学国際教育交流センターで非常勤講師。専門はバイリンガル教育と日本語教育。主な論文に「言語少数派の子どもの生活体験に裏打ちされた概念学習—身近な大人との母語と日本語のやり取りから」（『日本語教育』160号, pp.49–63）、「言語少数派の親子をつなぐことばの育成をどのように支援するか—「親の愛情」に着目した生態学的アプローチ」（『異文化間教育』42号, pp.103–117）などがある。お茶の水女子大学大学院人間文化創成科学研究科博士後期課程修了。博士（人文科学）。

日本語教育学の新潮流 24

言語少数派の子どもの
概念発達を促す教科学習支援
母語と日本語が融合した
ことばのやり取り

2019年2月28日　初版第1刷発行

著者………………………滑川恵理子

発行者…………………吉峰晃一朗・田中哲哉

発行所…………………株式会社ココ出版
　　　　　　　　　　　〒162-0828
　　　　　　　　　　　東京都新宿区袋町25-30-107
　　　　　　　　　　　電話　03-3269-5438
　　　　　　　　　　　ファックス　03-3269-5438

装丁・組版設計………長田年伸

印刷・製本……………モリモト印刷株式会社

ISBN 978-4-86676-013-1

ココ出版の書籍

JSL 中学高校生のための
教科につなげる学習語彙・漢字ドリル
（中国語・ポルトガル語・スペイン語・英語）

樋口万喜子 編　各 1,600 円＋税

ISBN （中）978-4-904595-05-3　（ポ）978-4-904595-20-6
　　　（ス）978-4-904595-21-3　（英）978-4-904595-65-7

進学を目指す人のための
教科につなげる学習語彙 6000 語（日中対訳）

樋口万喜子・古屋恵子・頼田敦子 編　1,600 円＋税　ISBN 978-4-904595-12-1

ココ出版の書籍

日本語教育学の新潮流 14

人の主体性を支える日本語教育
地域日本語教室のアクション・リサーチ

野々口ちとせ 著　3,600 円＋税　ISBN 978-4-904595-75-6

日本語教育学の新潮流 5

子どもたちはいつ日本語を学ぶのか
複数言語環境を生きる子どもへの教育

尾関史 著　3,600 円＋税　ISBN 978-4-904595-34-3

ココ出版の書籍

日本語教育学の新潮流 22
中国人日本語学習者の学習動機は
どのように形成されるのか
M-GTA による学習動機形成プロセスの構築を通して見る
日本語学校での再履修という経験

中井好男 著　3,600 円＋税　ISBN 978-4-86676-009-4

日本語教育学の新潮流 23
日本語表現力と批判的思考力を育む
アカデミック・ライティング教育
中国の大学の日本語専攻における
対話を生かした卒業論文支援を例に

楊秀娥 著　3,600 円＋税　ISBN 978-4-86676-011-7